UTB

UTB **3459**

W0274626

Eine Arbeitsgemeinschaft der Verlage

Böhlau Verlag · Wien · Köln · Weimar
Verlag Barbara Budrich · Opladen · Farmington Hills
facultas.wuv · Wien
Wilhelm Fink · München
A. Francke Verlag · Tübingen und Basel
Haupt Verlag · Bern · Stuttgart · Wien
Julius Klinkhardt Verlagsbuchhandlung · Bad Heilbrunn
Mohr Siebeck · Tübingen
Nomos Verlagsgesellschaft · Baden-Baden
Orell Füssli Verlag · Zürich
Ernst Reinhardt Verlag · München · Basel
Ferdinand Schöningh · Paderborn · München · Wien · Zürich
Eugen Ulmer Verlag · Stuttgart
UVK Verlagsgesellschaft · Konstanz, mit UVK/Lucius · München
Vandenhoeck & Ruprecht · Göttingen
vdf Hochschulverlag AG an der ETH Zürich

UTB Profile

Christina Gansel

Textsortenlinguistik

Vandenhoeck & Ruprecht

Dr. Christina Gansel ist apl. Professorin in der Abteilung für Germanistische Sprachwissenschaft an der Universität Greifswald.

Mit 5 Abbildungen und 18 Tabellen

Bibliografische Information der Deutschen Nationalbibliothek

Die Deutsche Nationalbibliothek verzeichnet diese Publikation in der Deutschen Nationalbibliografie; detaillierte bibliografische Daten sind im Internet über http: //dnb.d-nb.de abrufbar.

ISBN 978-3-8252-3459-1
ISBN 978-3-8385-3459-6 (E-Book)

Reihenkonzept und Umschlagentwurf: Alexandra Brand
Umschlagumsetzung: Atelier Reichert, Stuttgart
Satz: Ruhrstadt Medien, Castrop-Rauxel
Druck und Bindung: ⊕ Hubert & Co, Göttingen

Inhalt

Was ist Textsortenlinguistik?

Bevor wir uns den Aufgaben der Textsortenlinguistik widmen, soll gezeigt werden, in welchem Rahmen sie sich den Textsorten zuwandte. Die Textlinguistik gehört zu den etablierten Sprachgebrauchsdisziplinen der Linguistik, die sich seit den 1960er-Jahren herausgebildet hat. Sie entwickelte sich in vier Phasen, in denen ihr Gegenstand, der Text, den Entwicklungstrends der Linguistik folgend, betrachtet wurde. Zunächst dominierten strukturell-grammatische Auffassungen, die die Bestimmung der Kategorie Text am Satz orientierten. Texte galten als einfache Kombination von Sätzen, zwischen denen kohärente Beziehungen bestehen. Eine derartige links- und rechtsseitig begrenzte lineare Abfolge von Sätzen wurde als relativ abgeschlossen gesehen. Dies bedeutet, dass Texte nicht ohne Bezug auf andere vorausgegangene Texte rezipiert werden können.

Der prominenteste Ansatz dieser Zeit ist die Vorstellung, dass Texte durch **Pronominalisierung** generiert werden. Harweg definierte den Text als »ein durch ununterbrochene pronominale Verkettung konstituiertes Nacheinander sprachlicher Einheiten« (1968, 148). Die Pronominalisierung als Prinzip der Wiederaufnahme dient der Textverflechtung und konstituiert einen strukturell-grammatischen und inhaltlich kohärenten Text. Elemente in einem Text können explizit durch Pronomen, Synonyme, Hyperonyme, Metaphern oder Metonymien wieder aufgenommen werden, aber auch implizit durch Teil-Ganzes-Beziehungen (z.B. die Pflanze – ihre Blüten) oder **Kontiguitätsbeziehungen** (z.B. Blitz – Donner).

Der Ansatz der Wiederaufnahme mündet in eine Phase semantischer (inhaltlicher) Textmodellierungen der 1970er- und 1980er-Jahre und wurde von Greimas (1971) als Isotopieansatz eingeführt. Es handelt sich dabei um ein Konzept des Textes, das semantische Textzusammenhänge durch lexikalische Indikatoren hergestellt sieht, die in Ähnlichkeits- oder Identitätsbeziehungen zueinander stehen. Einen weiteren semantisch orientierten Textbeschreibungsansatz bildet die propositionale Textauffassung. Texte werden danach untersucht, aus welchen **Propositionen** sie bestehen und wie diese miteinander verknüpft sind. Bei diesem Ansatz geht es nicht nur um die Beziehungen zwischen Nachbarpropositionen, sondern um semantische Beziehungen zwischen größeren Texteinheiten. Der Text wurde in dieser Phase als eine geordnete Menge von Propositionen definiert, als ein hierarchisches Gefüge von Themen und Subthemen, aus dem eine semantisch-thematische Textbasis abgeleitet werden kann. Als semantischer Ansatz kann auch das Thema-Rhema-Konzept (funktionale Satzperspektive aus dem Prager Strukturalismus) gesehen werden. Thematische (bekannte) und rhematische (neue) Elemente werden in einem Text so in eine entsprechende Abfolge gebracht, dass von thematischen Progressionen gesprochen werden kann. Dies erfolgt nach den Prinzipien der Themenentfaltung (narrativ, deskriptiv, argumentativ, explikativ) zur Bildung einer globalen Textstruktur.

Nun erkannte man in der Textlinguistik, dass Texte nicht allein über strukturell-grammatische und semantische Eigenschaften zu erfassen sind, sondern erst pragmatische Kategorien dazu beitragen, den Sinn von Äußerungs- und Informationseinheiten zu erklären. Mit der **pragmatischen Wende** in der gesamten Sprachwissenschaft werden seit den 1970er-Jahren auch in der Textlinguistik die Textfunktion, der Handlungswert eines Textes und seiner Teile sowie die Gegebenheiten der Kommunikationssituation fokussiert. Kommunikativ-pragmatische Textmodelle seit den 1980er-Jahren orientieren sich an zwei Phänomenen: Einmal wird betont, dass Texten im Rahmen übergreifender Tätigkeiten eine Instrumentfunktion zukommt. Texte stellen keine isolierten Sprachzeichen dar, sondern sie sind Texte in Funktion. Diesem Ansatz liegt eine handlungstheoretische Modellierung von Texten zugrunde, die auf sprechakttheoretischen Annahmen aufbaut. Sprachliche Tätigkeit ist Handeln und so besteht Konsens darüber, dass Texte Instrumente kommunikativen Handelns sind. Als Abfolge sprachlicher Handlungen (Illokutionen) sind sie komplexe Handlungen, die sich aus Teilhandlungen zusammensetzen. Illokutive Handlungen (Informationshandlung, Aufforderungshandlung, Fragehandlung) bilden die Basiseinheit für die Textkonstitution und müssen auf sprachliche Eigenschaften des Textes (Aussagesätze, Imperative, Inversion) beziehbar sein. Konsens besteht in der Textlinguistik weiterhin insofern, als Sprachhandeln eine soziale Tätigkeit und Bestandteil übergreifender Handlungsprozesse ist. Sprachliches Handeln gestaltet sich immer partnerorientiert, nach sozialen Regeln und ist in bestimmte soziale Bedingungen eingebettet. Somit erscheinen Texte darstellbar als Abfolge von Sprachhandlungen / Strukturen, von Illokutionen, die mit der propositionalen Struktur auf das engste verknüpft sind.

Zum anderen wird herausgestellt, dass ein Text nicht isoliert als komplexe sprachliche Handlung und in seiner Funktionalität gesehen werden kann, sondern es bedarf der Einbindung in übergreifende soziale und gesellschaftliche Zusammenhänge, die die Textproduktion und die Textrezeption letztlich determinieren. Tätigkeiten wie die Versprachlichung und Verarbeitung von Texten setzen entsprechende Kompetenzen voraus, die nicht nur auf Prinzipien der Kommunikation zurückgeführt werden, sondern ebenso auf solche der Kognition. Von daher wurden Textproduktion (als Problemlösestrategie für kommunikative Aufgaben, die in Phasen verläuft) und Textrezeption (Erfassung der Datenstruktur des Textes und In-Beziehung-Setzen zum Wissen der Rezipienten) in der textlinguistischen Forschung in kognitivem Zugriff (seit den 1990er-Jahren) als Organisationsprozesse komplexen Wissens untersucht. Das Wissen um kontextuelle, situative Konstellationen sowie das Wissen über Textsorten spielt für beide Prozesse eine wichtige Rolle.

Kommunikative Modelle fragen deshalb, wie sich pragmatische Faktoren auf die Gestalt des Textes auswirken und somit im Text sichtbar werden. Als grundsätzliche pragmatische Faktoren gelten die Regeln des Sprachgebrauchs, die die Form und/oder die Interpretation sprachlicher Äußerungen beeinflussen. Es geht dabei um das Verhältnis der Äußerung zu dem situativen und kommunikativen Kontext, das Verhältnis zwischen der Äußerung über die Welt und der Absicht des Senders gegenüber dem Rezipienten oder um das Verhältnis von Gesprochenem / Geschriebenem und der sozialen Position des/der Sprechenden / Schreibenden.

Im Einzelnen seien einige relevante externe, situative Merkmale aufgelistet, die sich in der Gestalt eines Textes niederschlagen und in textlinguistischen Diskussionen eine große Rolle spielen:

- Kommunikationsmedium,
- soziale Rollen der Kommunizierenden und Beziehungen zu den Kommunikationspartnern,
- soziale Faktoren wie Alter, Bildung, Bekanntschaftsgrad der Kommunizierenden,
- Ort,
- Zeit,
- Tätigkeitssituation,
- private oder öffentliche Kommunikation.

Aus textlinguistischer Sicht können wir nun den Text definieren, indem wir kommunikativ-pragmatische und strukturelle (grammatische und semantische) Ansätze integrieren.

Definition

Ein Text ist eine in sich kohärente Einheit der Kommunikation mit einer erkennbaren kommunikativen Funktion und einer in spezifischer Weise organisierten Struktur.

Mit dem kommunikativ-pragmatischen Ansatz ist in der Textlinguistik eine theoretische und methodische Orientierung zur Analyse, Beschreibung und Ordnung von Texten entstanden. Für die Ordnung und Systematisierung von Texten bildet die Kategorie ›Textsorte‹ eine zentrale Größe. Textsorten verweisen darauf, wie funktional-situativ bestimmte kommunikative Handlungen und ihnen zugrunde liegende Formulierungs- und Baumuster zusammenhängen und erklärt werden können.

Dabei treten jedoch eine Reihe von Problemen auf. Zwar haben Klassifikation und Typologisierung von Texten in der textlinguistischen Diskussion innerhalb der vergangenen 30 Jahre eine herausragende Rolle gespielt und zahlreiche korpusbasierte empirische Forschungen konnten das Konzept ›Textsorte‹ theoretisch vertiefen. Dennoch scheint sich eine gewisse Ermüdung in der Erforschung von Textsorten eingestellt zu haben, die zudem in terminologischer Uneinheitlichkeit und unklarer Systematik offensichtlich wird. Beklagt wird zudem, dass die von Isenberg gestellten Anforderungen an eine Typologisierung von Textsorten kaum umzusetzen seien.

Für Isenberg setzt eine umfassende theoretisch befriedigende Beschreibung einer Textsorte voraus,

> »daß auf eine systematische Weise entschieden werden kann, welche Eigenschaften für sie spezifisch sind und welche sie mit anderen Textsorten teilt. Das heißt: Es muß der texttypologische Status der Textsorte angegeben werden. Hierzu ist eine ausgearbeitete Texttypologie erforderlich« (1983, 305).

Isenbergs (vgl. 1983, 312ff.) Anforderungen an eine Texttypologie begründen sich in den Forderungen nach

- Homogenität – die Typologisierungsbasis muss einheitlich sein,
- Monotypie – eine mehrfache gleichrangige Zuordnung ein und desselben Textes zu mehreren Texttypen wird nicht zugelassen,
- Striktheit / **Disjunktheit** – Texte sollen nicht typologisch ambig sein, d.h., dass sie nicht aufgrund bestimmter Eigenschaften einer Textsorte A und auf Grund bestimmter anderer Eigenschaften einer Textsorte B zugeordnet werden können und
- **Exhaustivität** / Erschöpfendheit – die Texttypologie muss alle Texte des Geltungsbereichs erfassen / die Einteilungsglieder schöpfen das Einteilungsganze aus.

Allerdings konstatiert Isenberg selbst ein »typologisches Dilemma« (1983, 327) dahingehend, dass für eine Texttypologie

> »die Forderungen nach Homogenität, Exhaustivität und Monotypie nicht gleichzeitig erfüllbar sind, ohne die Bedingung zu verletzen, nach der die zu definierenden Texttypen eine überschaubare Menge bilden müssen« (ebd.).

Das Problem, eine sich beständig erweiternde Textmenge systematisch zu erfassen und damit Textsorten zu klassifizieren bzw. zu typologisieren, ist bis heute nicht gelöst. In diesem Band wird dennoch auf den Ansatz Isenbergs zurückgegriffen und die Hypothese aufgestellt, dass seine Anforderungen an Ordnungskriterien zur Systematisierung von Textsorten umsetzbar erscheinen unter der Annahme zweier Voraussetzungen:

Isenberg selbst wie auch andere textlinguistische Arbeiten unterscheiden Klassifikation und Typologisierung nicht strikt, sondern verwenden die beiden Begriffe synonym. Anstelle eines derartigen Vorgehens soll in diesem Band konsequent zwischen Textklassifikation und Texttypologisierung differenziert werden.

Möglicherweise reicht der kommunikativ-pragmatische Ansatz als einheitliches Denkgebäude nicht aus. So betont auch Antos im Rahmen einer in der Mitte der 1990er-Jahre geführten Diskussion zur Stellung der Textlinguistik: »Letztlich ist die Theoretizität der entscheidende (wenn auch nicht der einzige) erkenntnistheoretische Schlüssel für Empirizität und deskriptive Subtilität.« (1997, 43) Auch Brinker (1997, 128) forderte, dass eine linguistische Texttypologie zu Unterscheidungen führen sollte, die das intuitive Textsorten-Wissen der Sprachteilhaber bestätigen. Das einheitliche Denkgebäude, das diesem Band zugrunde gelegt werden soll und das zudem in der Lage ist, das intuitive Textsorten-Wissen der Kommunizierenden zu bestätigen, ist die soziologische Theorie der sozialen Systeme nach Luhmann. Um eine systemtheoretische Perspektive auf Textsorten zu verfolgen und umzusetzen, erscheint es zunächst erforderlich, eine Trennung von Klassifikation und Typologisierung von Texten zu vollziehen und von einer Dominante her zu systematisieren.

Die Differenzierung von Textklassifikation und Texttypologisierung ermöglicht zunächst eine saubere Trennung der Begriffe ›Textklasse‹, ›Textsorte‹ und ›Texttyp‹.

Abb. 1: Trennung von Textklassifikation und Typologisierung

Wie lassen sich nun der horizontale und der vertikale Pfeil interpretieren? Schauen wir zunächst auf einige Fragen der Textklassifikation, also auf den vertikalen Pfeil. Der Begriff ›Textsorte‹ soll in einer hierarchischen Textklassifikation verankert werden. Eine hierarchische Klassifikation von Texten ist in der Textlinguistik durchaus angelegt, denn die systematischen Kategorien ›Textklasse‹, ›Textsorte‹ und ›Textsortenvariante‹ werden terminologisch und hierarchisch verwendet. Darüber nun, dass Textsorten menschliches Handeln im Allgemeinen reflektieren und ihre Ausprägung in Kommunikationsbereichen erfahren, besteht in der Textlinguistik Einigkeit.

Menschen handeln in bestimmten Handlungsrollen (institutionalisiert oder nicht) kommunikativ, indem sie Texte produzieren und rezipieren, und sie etablieren dadurch Kommunikationsbereiche. In der Textlinguistik wurden »zentrale Kommunikationsbereiche« (Massenmedien, Verwaltung, Wirtschaft und Handel, Rechtswesen und Justiz, Religion, Schule, Hochschule und Wissenschaft, Medizin und Gesundheit, Sport, politische Institutionen, Militärwesen, Alltag) erfasst und für diese die jeweils »konstitutiven Textsorten« vorgestellt.

Die genannten Kommunikationsbereiche leuchten intuitiv ein, Kommunizierende in modernen Gesellschaften werden in der Lage sein, rechtliche Texte von wissenschaftlichen oder wirtschaftliche von religiösen zu unterscheiden.

In einer hierarchischen Textklassifikation spielt der Kommunikationsbereich eine entscheidende Rolle. Er soll als **Dominante** gesetzt werden, an der sich eine Hierarchie von Texten ausrichtet bzw. in deren Rahmen Textsorten erst gebildet werden. Speziellere Ausdifferenzierungen von Textsorten ergeben sich in einer hierarchischen Klassifikation unterhalb der Ebene der Klasse, die auf den Kommunikationsbereich bezogen werden soll. Der Begriff ›Textklasse‹ wird hier also spezifisch in Hinblick auf einen Kommunikationsbereich gebraucht.

Definition

Wir definieren Textklasse als das Vorkommen einer Menge von Texten in einem abgegrenzten, durch situativ-funktionale und soziale Merkmale – also textexterne Merkmale – definierten kommunikativen Bereich, in dem sich Textsorten ausdifferenzieren. Textsorten sind nicht nur durch den Kommunikationsbereich determiniert. Sie können sich als grundlegend für seine Existenz erweisen. Von daher sprechen wir von der Klasse der rechtlichen Texte, der religiösen Texte, der wissenschaftlichen Texte usw. Wir gehen davon aus,

dass bestimmte Textsorten jeweils nur einer dieser Klassen angehören können, also spezifisch für diese sind. Dies betrifft z.B.: Wissenschaft – Abstracts, Monographien, Dissertationen, Forschungsberichte, Abschlussarbeiten; Religion – Predigt, Ordensregel, Enzyklika oder Politik – Koalitionsvertrag, Parteiprogramm, Regierungserklärung.

Auf dem horizontalen Pfeil finden sich Texttypen angeordnet. Texttypen werden nicht durch die Dominante des Kommunikationsbereichs zusammengehalten. Texte werden zu Texttypen zusammengefasst auf der Grundlage linguistischer Kriterien. Texttypen verlaufen quer zu den Textsorten in verschiedenen Kommunikationsbereichen. Als linguistische Kriterien gelten dabei textinterne Merkmale (Merkmale der Textinfrastruktur) wie Stil (Stiltyp, z.B. Ironie, Nominalstil), Medialität (medialer Typ, z.B. digitaler Text, konzeptionell mündlicher Text), Textfunktion auf der Basis sprachlicher Indikatoren (Funktionstyp, z.B. Kontakttext), Themenentfaltung / Vertextung (Vertextungstyp, z.B. explikativer Text). Selbstverständlich können auch Typen Untergruppen aufweisen, jedoch sollte das einmal gewählte Basiskriterium beibehalten und nicht mit anderen vermischt werden.

Merksatz

Unter Textsortenlinguistik ist also ein wesentlicher Bereich der Textlinguistik zu verstehen, dem die Aufgabe zukommt, Texte jeweils mit Bezug auf einen bestimmten Kommunikationsbereich als Textsorten zu analysieren, zu beschreiben und zu systematisieren.

Vor dem Hintergrund eines kommunikativ-pragmatischen Ansatzes wäre es die wichtigste Aufgabe der Textsortenlinguistik, Textsorten als Abstraktion von konventionellen sprachlichen Handlungen zu erfassen und auf der Grundlage einer beträchtlichen Menge von Textexemplaren einer Textsorte (**Korpus**) prototypische Merkmale herauszustellen. Dies würde allerdings nur zu Was-Fragen führen. Ein Problem ist es zudem, dass wir nicht jeden Fall, jedes Einzelereignis, in dem mit einem Text gehandelt wird, beobachten können. Unser Erkenntnisinteresse liegt in der Erschließung der Rolle von Textsorten für Kommunikationen. Und deshalb ist es für die Textsortenlinguistik wesentlich, von Was-Fragen auf Wie-Fragen umzustellen, d.h. zu erforschen, welche Aufgaben Textsorten innerhalb eines Kommunikationsbereichs, innerhalb einer sozialen Struktur, im Rahmen der Funktionalität eines kommunikativen Bereichs, also überhaupt in Kommunikation, zukommen. Mit dem herkömmlichen Instrumentarium der Textlinguistik ist dies nicht zu realisieren. Die Umstellung von Was- auf Wie-Fragen bedeutet, sich einer soziologischen systemtheoretischen Perspektive zu öffnen.

Wie dies erfolgen kann, wird in den folgenden Kapiteln erläutert.

Weiterführende Literatur

Gansel, Christina / Jürgens, Frank (2009): Textlinguistik und Textgrammatik. 3. Aufl. Göttingen: Vandenhoeck & Ruprecht (UTB 3265), 35–74

Brinker, Klaus (2010): Linguistische Textanalyse. Eine Einführung in Grundbegriffe und Methoden. Bearb. Von Sandra Ausborn-Brinker. 7., durchges. Aufl. Berlin: Erich Schmidt, 11–56

Textsortenlinguistik im Profil

1

System/Umwelt-Differenz und Kommunikationsbereich

Zunächst ist es erforderlich tiefgehender zu begründen, warum sich die Textsortenlinguistik an die Systemtheorie anlehnt. Beide wissenschaftlichen Gebiete haben es mit der Kommunikation in der Gesellschaft zu tun. Zu fragen ist deshalb, ob das systemtheoretische Begriffsinstrumentarium auch für die Textsortenlinguistik interessant sein könnte. So werden zunächst wesentliche systemtheoretische Begriffe eingeführt und mit ersten textsortenlinguistischen Aspekten in Beziehung gesetzt. Fokussiert wird die Operation des Beobachtens, die auf Unterscheidungen basiert. Je mehr Unterscheidungen durch das Beobachtungsinstrumentarium getroffen werden, desto besser.

Wenn wir uns einer systemtheoretischen Perspektive auf die Textsortenproblematik verpflichten, so soll dies konsequent ausgehend von der Systemtheorie Niklas Luhmanns (1927–1998) erfolgen, obwohl er selbstverständlich nicht der einzige Systemtheoretiker ist. An seinem Projekt einer *Theorie der Gesellschaft* hat Luhmann fast 30 Jahre gearbeitet und mit seiner soziologischen Theorie über die Gesellschaft einen Beitrag zur gesellschaftlichen Selbstbeschreibung geleistet. Mit Reese-Schäfer nutzen wir das Verstehensprinzip, die Theorie sozialer Systeme »auf ihre Vorzüge und ihre Leistungsfähigkeit« hin abzuklopfen und »eigene Stollen in die […] näher interessierenden oder aufgrund eigener Forschungen betreffenden Textbereiche hineinzusprengen« (2005, 10f.). Es gilt für die Textsortenlinguistik herauszufinden, »was methodisch und inhaltlich weiterführend und anregend ist und wo die Probleme liegen«, zumal die Systemtheorie für sich den Anspruch erhebt, universell zu sein. Das meint, dass sie auf alle gesellschaftlichen Teilbereiche und Phänomene beziehbar sei. Luhmann selbst nannte sie eine »Supertheorie« (1988, 19), die immer mehr Anhänger dort gewinnt, wo wissenschaftliche Objekte als Systeme untersucht werden – in der Kommunikationswissenschaft, der Ökonomie, der Psychologie oder der Biologie.

Zu beobachten ist, dass die Systemtheorie in der Prägung durch Luhmann gleichfalls in die Linguistik Einzug gehalten hat, und zwar dort, wo Gegenstände als Systeme konzeptualisiert oder systemtheoretische Konzepte für die Erklärung linguistischer Probleme produktiv gemacht werden (z.B. in der Gesprächslinguistik oder in der Textverstehensforschung oder in der Spracherwerbsforschung).

Wir wollen zeigen, dass ein systemtheoretischer Zugang gleichfalls in der Textsortenlinguistik möglich ist. Es wird zu diesem Zweck davon ausgegangen, dass Kommunikationsbereiche wie die Wirtschaftskommunikation, die religiöse Kommunikation oder die Gesundheitskommunikation als soziale Systeme konzeptualisiert werden können, was im Folgenden begründet werden soll. Mit der Anwendung systemtheoretischen Instrumentariums ist Erkenntniszuwachs zu erwarten. Ein solches Grundverständnis sei vorweggenommen.

Umreißen wir jedoch zunächst das Problem, vor dem die Textsortenlinguistik steht.

Luhmanns Untersuchungen betreffen das Sozialsystem der modernen Gesellschaft. Gesellschaft ist nur durch Kommunikation möglich und Kommunikation bedarf der Gesellschaft.

Definition

Gesellschaft ist Kommunikation.

D.h., dass Gesellschaft durch eine Vielzahl und Vielschichtigkeit von Kommunikationsprozessen geprägt ist, deren **Komplexität** zu erfassen ein Problem darstellt. Komplexität beruht auf der Schließung eines Systems, wenn es durch die Produktion eigener Elemente durch eigene Elemente, also auf sich selbst bezogen, operiert. Eine Eigenheit der Wirtschaftskommunikation ist es beispielsweise, sich selbst – ein Unternehmen – aus möglichst vielen Anlässen und in möglichst vielen Texten positiv darzustellen. Zu beobachten ist dies in Werbeanzeigen, in Stellenangeboten oder auf der Homepage eines Unternehmens. Literarische Texte im Bereich der Kunstkommunikation bauen auf Individualität der Darstellung und der Erzählstrategien. Wirtschaftliche bzw. literarische Kommunikation beziehen sich jeweils auf sich selbst und reproduzieren sich damit als geschlossene Systeme. Aufgrund des Selbstbezugs und der Geschlossenheit wird ein System in der Systemtheorie als autopoietisch bezeichnet.

Komplexität geht darüber hinaus, jederzeit jedes Element mit jedem anderen Element zu verknüpfen, sie beruht auf **Selektion** und erzeugt kontingente Zustände. Kontingent bedeutet, dass immer auch anderes möglich ist, wenn Kommunikation auf Kommunikation angewendet wird.

Definition

Die Kommunikation der Gesellschaft ist hochkomplex. Demnach bedarf es einer Reduktion von Komplexität. Dies leistet die Abstraktion in Systeme. Und so ist es ein Gewinn, sich bewusst zu machen, dass Kommunikation in der Kunst anders geartet ist als in der Wirtschaft, in einem Krankenhaus anders kommuniziert wird als an der Universität.

Luhmann liefert ein Instrumentarium, mit dem die Komplexität der Gesellschaft nicht transparent und einsichtig (intelligibel) zu machen ist, jedoch beobachtet werden kann. Dabei ist der Beobachter selbst definiert durch »das Schema, das er seinen Beobachtungen zugrundelegt, also durch die Unterscheidungen, die er verwendet« (Luhmann 1998, 144). Dies ist die Methodik der **Beobachtung zweiter Ordnung**. Zum Beobachtungsinstrumentarium der Systemtheorie gehören u.a. die folgenden Begriffe: System/Umwelt-Differenz, Autopoiesis / Selbstreflexivität, Kontingenz, Komplexität, strukturelle Kopplung, Selektivität von Kommunikation, Anschlusskommunikation, Form / Medium, die in den folgenden Kapiteln zu klären sind, weil sie textsortenlinguistisch von Relevanz erscheinen.

Mit Hilfe eines derartigen begrifflichen Instrumentariums wird es möglich, in Hinblick auf Textsorten nicht nur Was-Fragen zu stellen: Was ist eine Textsorte? Was ist Kommunikation? Was ist ein Funktionalstil? Welches sind die Funktionen von Textsorten? Sondern es sollen Wie-Fragen beantwortet werden: Wie tragen Textsorten zur Kommunikation eines sozialen Systems bei? Wie lassen sich textinterne und textexterne Funktionen von Textsorten unterscheiden? Wie entsteht eine Textsorte? Wie können wir Textsorten in zeitlicher, sachlicher und sozialer Dimension beschreiben?

Die kommunikativ-pragmatisch, handlungstheoretisch orientierte Textlinguistik mit ihrem Herzstück – der Textsortenlinguistik – hat es gleichfalls mit dem Gegenstand Kommunikation in einer funktional ausdifferenzierten Gesellschaft zu tun. Die Textlinguistik gehört zunächst auch zur Kommunikation der Gesellschaft. Sie steht vor dem Problem, eine sich zeitlich, sachlich und sozial beständig vergrößernde

Menge von Texten zu ordnen, zu beobachten und zu beschreiben. Texte werden als Mitteilungen im Textproduktionsprozess erzeugt und stehen für Verstehensprozesse zur Verfügung. Nach Luhmann kann der Begriff ›Komplexität‹ auf alle möglichen Sachverhalte angewandt werden, »sofern nur der Beobachter in der Lage ist, an dem Sachverhalt, den er als komplex bezeichnet, Elemente und Relationen zu unterscheiden« (1998, 138). Dies vermag die Textlinguistik wohl. Im Umgang mit Texten kann beobachtet werden, dass sie ähnliche oder ganz unterschiedliche Strukturen aufweisen, unterschiedliche Lexik enthalten, komplexe oder einfache syntaktische Strukturen präferieren oder sich auf einander beziehen und bestimmte Funktionen erfüllen.

Das Beobachtungsinstrumentarium der Textsortenlinguistik ist durch Kontingenz, also eine Vielfalt der Ansätze gekennzeichnet. Jedoch muss sie durch **Viabilität** in Machbarkeit überführt werden. D.h. nach von Glasersfeld: »Handlungen, Begriffe und begriffliche Operationen sind dann viabel, wenn sie zu den Zwecken oder Beschreibungen passen, für die wir sie benutzen« (1996, 43). Wir haben es in der Textlinguistik zu tun mit begrifflicher Vielfalt, selbstreflexiv festgestellten vorwissenschaftlichen Begrifflichkeiten, folglich auch mit Ermüdungserscheinungen, Einengung durch Modellierung, eingeschränkter Empirie zu theoretischer Fundierung.

Wie kann also die Komplexität des Gegenstandes ›Textwelt‹ durch ein sinnvolles Beobachtungsinstrumentarium reduziert werden? Einen ersten Schritt haben wir bereits mit der Differenz von Textklassifikation und Texttypologisierung vollzogen, die nicht unbedingt systemtheoretisch anmutet. Dennoch kommen wir auf den Begriff ›Differenz‹ zurück.

Fragt man vorerst nach Synergien zwischen Systemtheorie und Textlinguistik, kann in zwei Richtungen gedacht werden:

a) Man kann den Versuch wagen, die Systemtheorie als universelle Theorie anzunehmen und ihr Beobachtungsinstrumentarium für textsortenlinguistische Fragestellungen zu nutzen. Eine Schärfung textsortenlinguistischer Begrifflichkeiten ist zu erwarten. Denn beim Lesen und Verarbeiten von Luhmann läuft Textlinguistisches unweigerlich mit. Ein genau festgelegtes Beobachtungsinstrumentarium sollte dazu beitragen können, die Komplexität der Textwelt zu reduzieren.

b) Die dominant-deduktiv orientierte Systemtheorie erfährt häufig Kritik in Hinblick auf die ihr fehlende empirische Grundlage. Korpusbasierte textlinguistische Untersuchungen können die Anwendbarkeit systemtheoretischer Positionen einerseits überprüfen, andererseits der Systemtheorie fundierendes Material zu den Konzepten ›Sprache‹ und

›Text‹ an die Hand geben. Beide Konzepte scheinen in der Systemtheorie in sehr reduzierter Komplexität durch, teilweise begründet (Sprache), teilweise unbegründet (Text), denn Luhmann reduziert in seinen Darlegungen sprachliche Äußerungen häufig auf den Satz. Der Begriff ›Text‹ erscheint eher selten, der Begriff ›Textsorte‹ gar nicht.

Inwiefern gerade über die Unterspezifikation der Konzepte ›Sprache‹ und ›Text‹ an Luhmann angeschlossen werden kann, soll nun in einem weiteren Abschnitt beleuchtet werden.

Luhmann verneint den linguistischen Systembegriff (also *langue*) von Sprache ausdrücklich mit Bezug auf sein Theoriegebäude. »Sprache ist kein System« (Krause 2005, 227) – so der erste Satz im Luhmann-Lexikon zum Stichwort ›Sprache‹. Diese strikte Abgrenzung hat mit der Perspektive der Systemtheorie auf wahrnehmbaren, beobachtbaren Sprachgebrauch zu tun. Genuines Anliegen auch der Text- und Textsortenlinguistik ist der Sprachgebrauch. Der Blick auf den Sprachgebrauch wird für Luhmann mit der Frage nach der Doppelfunktion von Sprache relevant. Er fragt danach,

> »wie Bewusstsein und Kommunikation, zwei unterschiedliche autopoietische Systeme, aneinander gekoppelt sind, wobei man der Tatsache Rechnung tragen muss, dass es Bewusstsein und Kommunikation nur gibt, wenn es strukturelle Kopplung gibt. Es muss also eine Art Koordination gegeben haben, die, weil sie sich auf unterschiedliche Formen von Autopoiesis bezieht, zu einer Komplexitätssteigerung einerseits im Bereich möglicher Bewusstseinsinhalte, andererseits im Bereich sozialer Kommunikation geführt hat« (2004b, 122).

Als einen solchen Kopplungsmechanismus in der Co-Evolution von Bewusstsein / Denken und Kommunikation vermutet Luhmann Sprache. Sprache ist in seiner Systemtheorie interessant als Medium struktureller Kopplung. Über Sprache stellen wir Beziehungen zu anderen her, wir orientieren uns auf unser Meinen, auf Sinn. Über Sprache ist dies sehr gut möglich, weil sie »vieles ausschließt, um weniges einzuschließen, und aus diesem Grunde selbst komplex werden kann« (Luhmann 2004b, 123). Strukturelle Kopplung benutzt einfache Muster, um damit hochkomplexe Kombinationen zu ermöglichen. Linguistisch formuliert würde dies bedeuten, dass eine endliche Menge sprachlicher Mittel unendlich viele Äußerungen ermöglicht, die wiederum musterhafte Ordnungen und Erwartungs-Erwartungen (Konventionen) für die Kommunikation bilden.

Die Doppelfunktion von Sprache – kognitive und kommunikative Funktion – ist selbstverständlicher Gegenstand der Linguistik. Luhmann akzentuiert beide Funktionen jedoch in ihrer Co-Evolution:

a) Bewusstsein entwickelt sich evolutionär mit Sprache, indem Aufmerksamkeit für identifizierbare Wahrnehmungen hergestellt wird und diese nach eigenen Regularitäten verarbeitet und in die Strukturen des Bewusstseins integriert werden und über diesen Prozess neue Strukturen bilden. (*Oh da, ein Baum. Baumstamm. Lebensbaum*)

b) Sprache steht im Zusammenhang mit der Entwicklung einer laufenden sozialen Kommunikation. Sie gestaltet sich nicht als gelegentlicher, sporadischer Zeichengebrauch, sondern ist beständig. Eine Kommunikation schließt an eine nächste an.

Wahrnehmbare, auch sprachliche Geräusche umgeben das Bewusstsein fast beständig, Kommunikation läuft ununterbrochen. D.h., dass **autopoietische Systeme** – Bewusstsein und soziale Systeme – über strukturelle Kopplungen ständig betroffen sind. Bewusstsein, soziale Kommunikationssysteme oder das Gehirn werden von daher mit »**Irritationen**« versorgt.

Aussagen dazu, wie sich nun im Einzelnen die beschriebene Doppelfunktion von Sprache zeigt und wie sie sich beobachten lässt oder wie sich Irritationen auf Texte (vgl. Kapitel 8) auswirken, finden sich in den Darlegungen Luhmanns kaum. Auch auf den Begriff ›Text‹ wird kaum Bezug genommen. Im Luhmann-Lexikon (Krause 2005) wird der Begriff ›Text‹ lediglich über Verweise auf andere systemtheoretisch relevante Stichwörter wie *Buchdruck*, *schriftliche Kommunikation*, *Selbstbeschreibung*, *Semantik*, *Sprache* angerissen, nicht jedoch geklärt. Überschaut man die Begriffsbestimmungen, so ist festzustellen, dass Texte als *Kommunikation der Distanz* erscheinen, sie werden zu *Medien*. Schriftliche Kommunikation bedeutet *Textanfertigung*. Texte müssen *verstanden* werden, sie provozieren *weitere Vertextungen*, *fixieren Sinn*, *tradieren Wissen* und bilden das *kulturelle Gedächtnis*.

Welche Rolle Texten und Textsorten im Rahmen der Doppelfunktion von Sprache, genauer bei der Fixierung von Sinn, zukommt, wird nicht markiert. Es wird die folgende Hypothese formuliert:

Hypothese

Der Textlinguistik sind Beobachtungen zur Doppelfunktion von Sprache möglich. Sie kann mit Bezug auf systemtheoretisches Beobachtungsinstrumentarium die Doppelfunktion von Sprache beobachten und sich dabei selbst beobachten und eigene Begrifflichkeiten schärfen und systemtheoretisch reformulieren. Dabei geht es in keiner Weise um das Aufgeben bisheriger textlinguistischer Positionen, sondern um neue Impulse.

Neben dem inhaltlichen Problem der Komplexität, das die Textsortenlinguistik letztlich mit einer Theorie der sozialen Systeme teilt, sollen nun grundsätzliche methodische Anregungen der Systemtheorie in den Blick genommen werden.

Luhmann geht davon aus, dass das soziale System ›Gesellschaft‹ existiert und auch jemand existiert, der mit Bewusstsein ausgestattet ist und die Gesellschaft beobachten kann. So gehen wir in der Textsortenlinguistik davon aus, dass Texte **Realität** sind und Studierende wie Dozentinnen und Dozenten in einer Vorlesung oder in einem Seminar Texte beobachten können. Luhmann war nicht nur Systemtheoretiker, sondern seiner Theorie liegt eine **konstruktivistische Erkenntnistheorie** zugrunde. Danach kann die äußere Realität nicht einfach im Bewusstsein 1:1 abgebildet werden, sondern Erkenntnisse über die Welt bilden lediglich Konstruktionen über die Welt. Wir können die äußere Welt lediglich beobachten und so zu Erkenntnis gelangen. Wenn wir die Textwelt beobachten, werden wir ein Konstrukt der Textwelt im Bewusstsein aufbauen und dies als Erkenntnis markieren. Nach Luhmann ist Beobachten eine Operation. Der Mensch beobachtet – und dieser methodische Kniff ist ausgesprochen wichtig – über die Einheit der **Unterscheidung**. Beobachten ist eine Form des Unterscheidens, der **Differenz.** Erst wenn wir Differenzen ausmachen, können wir auch bezeichnen. Beobachten bedeutet also auch, etwas zu bezeichnen. Die Einheit der Unterscheidung gibt es nur im beobachtenden System (z.B. im Bewusstsein). Wenn uns die Unterscheidung von einfachem und zusammengesetztem Satz nicht geläufig ist, werden wir sie in einer Satzanalyse nicht erkennen. Wenn wir nicht wissen, dass ein Adjektiv als Attribut (das *neue* Kleid), adverbiale Bestimmung (Sie singt *schön.*) oder als Prädikativum (Das Kleid ist *neu.*) verwendet werden kann, fehlt uns ein wichtiges Beobachtungsinstrument für die Beschreibung der Syntax des Adjektivs. Bei der Benutzung anderer Unterscheidungen fallen Wirklichkeitskonstruktionen auch anders aus.

Zu fragen ist, ob wir mit Luhmanns Unterscheidungen mehr sehen und zu neuen Beobachtungskonstrukten in der Textsortenlinguistik gelangen können.

Beginnen wir mit Unterscheidungen / Differenzen. Eine Unterscheidung, die in der kommunikativ-pragmatischen Textlinguistik offensichtlich wird, ist die Unterscheidung ›Text / Kontext‹. Texte zeigen den Kontext, in dem sie eine Rolle spielen, an. Man könnte sagen, sie konstituieren einen Kontext, das heißt die Situation, in der der Text zu verstehen ist. Andererseits sind Texte in ihrer Gestalt durch den Kontext, die Situation, determiniert oder sie dienen dazu, ganz bestimmte kommunikative Aufgaben in bestimmten

Kommunikationsbereichen zu lösen. Auf der Grundlage dieser Differenz sind Texte und Textsorten bisher beschrieben und analysiert worden.

Luhmann nun verwendet die Differenz ›Text / Kontext‹ nicht, sondern setzt als Ausgangspunkt seiner Theorie die System/Umwelt-Differenz, in der er den »Letztbezug aller funktionalen Analysen« (1988, 242) sieht. Warum dies sinnvoll auch für textlinguistische Fragestellungen ist, soll im Folgenden schrittweise deutlich werden. Luhmann hat zunächst die Notwendigkeit gesehen, »die Systemtheorie als Theorie selbstreferentieller Systeme anzulegen« (1988, 31). Selbstreferentiell bedeutet ganz allgemein: »Es gibt Systeme mit der Fähigkeit, Beziehungen zu sich selbst herzustellen und diese Beziehungen zu differenzieren gegen Beziehungen zu ihrer Umwelt« (1988, 31).

Selbstreferentielle, also autopoietische Systeme sind lebende Systeme (»Organismen«) und **Sinnsysteme** (»psychische Systeme« und »soziale Systeme«), die sich hinsichtlich ihrer Elemente und ihrer Operationen unterscheiden (vgl. Luhmann 1988, 16).

Die Operation von Organismen wird Leben genannt. Der Mensch ist u.a. solch ein lebender Organismus. Zum Leben gehört es beispielsweise, dass ein Organismus (Student oder Studentin) nach einem langen Arbeits- und Studientag etwas zur Stärkung benötigt. Psychische und soziale Systeme sind Sinnsysteme, die je eine eigene Operationsweise haben. Psychische Systeme als Bewusstseinssysteme denken, nehmen wahr und fühlen. Ein Studierender beispielsweise nimmt in einer Prüfungssituation positive Hörersignale des Prüfenden wahr und fühlt sich daraufhin gleich besser und sicherer. Soziale Systeme findet Luhmann in jedem »sozialen Kontakt [...] bis hin zur Gesellschaft als Gesamtheit der Berücksichtigung aller sozialen Kontakte« (1988, 33). Und so bildet das Prüfungsgespräch als sozialer Kontakt zwischen Studierenden und Lehrenden ein soziales System. Die Operation sozialer Systeme ist, dass sie kommunizieren – und gerade diese Systeme sind relevant, wenn es um eine genauere Bestimmung von Kommunikationsbereichen geht. Zu den sozialen Systemen zählt Luhmann »Interaktionen«, »Organisationen«, »funktional ausdifferenzierte Systeme« und »Gesellschaften«.

Definition

Die Gesellschaft als soziales System schließt von ihr unterschiedene soziale Systeme ein: Gesellschaft → Interaktion, Organisation, funktional ausdifferenzierte soziale Systeme. Soziale Systeme sind Sinnsysteme und kommunizieren.

Funktional ausdifferenzierte gesellschaftliche Teilsysteme wie ›Religion‹, ›Recht‹, ›Erziehung‹, ›Politik‹, ›Wirtschaft‹, ›Wissenschaft‹, ›Kunst‹, ›Massenmedien‹ zeichnen sich dadurch aus, dass sie für die Gesellschaft spezifische Funktionen wahrnehmen. Interaktionssysteme kommen nach Krause (vgl. 2005, 35) überall in der Gesellschaft vor. Dies sind Intimbeziehungen oder familiäre Beziehungen. Der Bereich der Alltagskommunikation, wie er in der Textlinguistik bezeichnet wird, soll im Folgenden auf die Kommunikation dieser Interaktionssysteme frei von institutionellen Zwängen bezogen werden (vgl. auch Hauck 2008). Zu den Interaktionssystemen, die auf Anwesenheit beruhen, gehören Gerichtsverhandlung, wissenschaftliches Kolloquium oder Projektteam, die Krause als »Systeme in den Grenzen bestehender funktionaler und organisationaler Systeme« (2005, 35) bezeichnet. Kommunikationen derartiger Systeme sind stark institutionell geprägt. Organisationssysteme kommen dem sehr nahe, was in sozialwissenschaftlich orientierten linguistischen Forschungen als Institution bezeichnet wird (z.B. Gericht, Schule, Universität). Sie beruhen auf Mitgliedschaft, die durch Textsorten manifestiert werden kann. Der Studierendenausweis integriert beispielsweise Studierende in die Universität. Dozentinnen und Dozenten werden durch einen Arbeitsvertrag Mitglied der Universität.

Auf der Grundlage einer solchen Ordnung kann man nun Textsorten einzelnen Typen sozialer Systeme zuordnen.

Soziales System	*Textsorte*
Interaktionssystem ›Intimbeziehung‹:	Liebesbrief, Liebes-SMS
Interaktionssystem ›Familie‹:	Privatbrief, Dankbrief, Küchenzettel, Einkaufszettel
Interaktionssystem ›Seminar‹:	Seminarprotokoll, Seminarmitschrift
Organisationssystem ›Schule‹:	Stundenplan, Klausur
Funktional ausdifferenziertes gesellschaftliches Teilsystem, z.B.	
›Massenmedien‹:	Bericht, Meldung, Kommentar, Horoskop
›Religion‹:	Evangelien, Enzyklika, Predigt
›Politik‹:	Parteiprogramm, Wahlplakat

Tab. 1: Textsorten und soziale Systeme

Merksatz

Die in der Tabelle benannten Textsorten sind vorstellbar als Einheiten des jeweiligen Systems und sind explizit mit der Operation der sozialen Systeme, ihrer Kommunikation, verbunden. Sie geben eine Systemreferenz an und gehören nicht in die Umwelt eines Systems.

Ähnliches haben wir am Anfang für den Begriff ›Textklasse‹ festgehalten, er bezieht sich auf Texte in einem kommunikativen Bereich. Umwelt ist nach Luhmann alles, was nicht zum System gehört, »ist einfach ›alles andere‹« (1988, 249). Die operative Umwelt von Lehrenden als psychischen Systemen sind Studierende als andere psychische Systeme. Zusammen bilden sie über ihre Kommunikationen das Interaktionssystem ›Seminar‹. Umwelt des Wirtschaftssystems ist der Markt, Umwelt des Mediensystems bilden die anderen funktional ausdifferenzierten gesellschaftlichen Teilsysteme, die durch die Medien beobachtet werden (insbesondere Politik und Wirtschaft). Erst über die Differenz zur Umwelt wird klar, worin die Identität eines Systems besteht (vgl. Luhmann 1988, 243).

Dass Texte Kontexte indizieren oder der Kontext die Gestalt von Texten determiniert, ist in keiner Weise falsch. Die Differenz ›Text / Kontext‹ suggeriert allerdings eine Differenz zwischen Text und Kontext, die nicht gemeint sein kann. Ein Text erhält seine Identität durch den Kontext. Identität in der Differenz erreichen wir durch die Schreibung ›*Text-Kontext (Identität 1) / Text-Kontext (Identität 2)*‹. Gemeint ist damit, dass ein wissenschaftlicher Artikel in den Kontext der Wissenschaft gehört, eine politische Rede in die Politik, ein Kommentar zu einem politischen Ereignis in den Journalismus.

Merksatz

In einem sozialen System wird auf spezifische Weise kommuniziert. Die Spezifik der Kommunikation grenzt das eigene System von der Umwelt, von anderen Systemen ab.

Weiterführende Literatur

Berghaus, Margot (2003): Luhmann leicht gemacht. 2., überarb. u. erg. Aufl. Köln u.a.: Böhlau (UTB 2360), 24–72

Luhmann, Niklas (1988): Soziale Systeme. Grundriß einer allgemeinen Theorie, Frankfurt/M.: Suhrkamp (stw 666)

Luhmann, Niklas (2004b): Einführung in die Systemtheorie. 2. Aufl. Heidelberg: Carl Auer

Zur Differenz ›Kommunikation / Handlung‹

Während die Textlinguistik von Kommunikationsbereichen spricht, auf die Textsorten beziehbar erscheinen, bildet in der Systemtheorie das soziale System den zentralen Bezugspunkt aller Überlegungen. Es ist zu fragen, ob beide Begriffe ein und dasselbe meinen. Das ist nicht der Fall und deshalb muss zunächst der Begriff ›Kommunikation‹ systemtheoretisch erklärt werden. Es wird dann gezeigt, dass Kommunikation konstitutiv für soziale Systeme ist. Der in der Textlinguistik übliche Ausdruck ›kommunikatives Handeln‹ ist in der Systemtheorie nicht möglich, da Kommunikationen von Handlungen getrennt werden. Handlungen können von Systemen nur beobachtet werden.

Um den systemtheoretischen Begriff ›soziales System‹ und den textlinguistischen Begriff ›Kommunikationsbereich‹ weiterhin in Korrelation zu setzen, widmen wir uns der Differenz ›Kommunikation / Handlung‹. In der Textlinguistik werden Texte als Instrumente kommunikativen **Handelns** beschrieben. Die Textlinguistik ist **handlungstheoretisch** fundiert. Sprachliche Kommunikation ist demnach symbolisch vermitteltes, interaktives, partnerorientiertes und intentionales Handeln. Mit einem Text als Mitteilung kann gehandelt werden. In dieser Diktion hat die Kommunikation einen Handlungswert. D.h., in diesem Modell wird der Handlungsbegriff als Oberbegriff verwendet, in den sich der Kommunikationsbegriff integriert. Machen wir dieses Denkschema an Beispielen deutlich: Eine Rechnung wird von einem Unternehmen produziert, damit diese vom Empfänger beglichen wird. Ein Gutachten für eine Abschlussarbeit wird produziert und an das Prüfungsamt geschickt, es zielt letztlich auf die Ausstellung eines Zeugnisses.

Luhmann hingegen geht anders vor: Für ihn ist »Sozialität [...] kein besonderer Fall von Handlung, sondern Handlung wird in sozialen Systemen über Kommunikation und Attribution konstituiert« (1988, 191). Damit fokussiert er die Differenz von Kommunikation und Handlung und fragt, ob soziale Systeme letztlich aus Kommunikationen oder Handlungen bestehen (vgl. 1988, 192).

Der Kommunikationsbegriff Luhmanns ist anders als der handlungstheoretisch geprägte (Sender, Empfänger, gemeinsamer Zeichenvorrat, Übertragung einer Mitteilung, Situationseinbettung). »Kommunikation ist Prozessieren von Selektion.« (Luhmann 1988, 194) Dabei ist Kommunikation mehr als nur der Akt der Mitteilung: Luhmann begreift Kommunikation als Synthese eines dreistelligen Selektionsprozesses, als Einheit aus der Selektion der Information, der Selektion der Mitteilung und der Verstehensselektion. »Die Selektion, die in der Kommunikation aktualisiert wird, konstituiert ihren eigenen Horizont; sie konstituiert das, was sie wählt schon als Selektion, nämlich als Information.« (Luhmann 1988, 194). Denn das, was sie wählt, zeigt gleichzeitig das, was sie nicht wählt. Ein Wetterbericht selektiert Angaben zum Wetter und nicht das Programm eines Fernsehsenders. Entscheidet sich ein Kommunizierender zur Mitteilung der Information, findet die zweite Selektion statt. Dabei erhält die Mitteilung eine bestimmte Form (Text, Vertextungsmuster, Stil). Eine wissenschaftliche Hausarbeit in Reimform abzugeben, wäre schon ein Wagnis. Die dritte Selektion stützt sich auf die Unterscheidung von Information und Mitteilung. Erst wenn »**Alter**« und »**Ego**« die drei Selektionen vollzogen haben, hat Kommunikation zwischen Alter und Ego stattgefunden. Alter hat Information und Mitteilung von Wahrnehmung getrennt, hat die Information von der Mitteilung getrennt und Ego hat dann die aus der Mitteilung von Alter gewonnene Information nach verstanden und nicht verstanden selektiert. Die Seite ›Verstehen‹ der Differenz ›Verstehen / Nicht-Verstehen‹ »realisiert nicht nur die einzelne Kommunikation« (Baraldi / Corsi / Esposito 2003, 90), sie erzeugt auch die Anschlussfähigkeit einer Kommunikation für weitere Kommunikation (vgl. Berghaus 2003, 98). Verstehen ist die Voraussetzung für weitere Kommunikationen, für *Anschlusskommunikationen.*

Luhmann begreift »Kommunikation nicht als Handlung« und den »Kommunikationsprozeß nicht als Kette von Handlungen« (1988, 225). Eine Mitteilung allein kann als Handlung beobachtet werden, die Kommunikation ist jedoch die dreifache Selektion von Information *und* Mitteilung *und* Verstehen, die in einem Analyseprozess erschlossen werden muss. Für soziale Systeme ist die Kommunikation konstitutiv, d.h., dass Kommunikation Soziales schafft. »Soziale Systeme, die durch Kommunikation als Kommunikationssysteme gebildet werden, regulieren, in welche Richtung und wie weit Kommunikation getrieben werden kann« (Luhmann 1988, 226). So ist die Kommunikation, die eine Dozentensprechstunde konstituiert, durchaus begrenzt. Studierende und Lehrende werden in der Interaktion während der Sprechstunde bestimmte universitäre oder wissenschaftliche Themen bearbeiten und dazu einen entsprechenden Wortschatz verwenden. Sie werden sich nur am Rande und in begrenztem Rahmen über den zuletzt gesehenen Film oder ihre Gesundheit verständigen. Soziale Systeme haben also einen eigenen »*Kommunikationshorizont*«, in dem sie sich reproduzieren. Diese Zusammenhänge müssen im weiteren Verlauf der Untersuchung von Textsorten analysiert werden. »Um beobachtet werden oder um sich selbst beobachten zu können, muß ein Kommunikationssystem [...] als Handlungssystem aufgeflaggt werden.« (1988, 226) Dies liegt darin begründet, dass Kommunikation weit schwieriger zu erfassen ist als eine Handlung, die, weil von einem Individuum ausgeführt, der Beobachtung zugänglich ist. Vielleicht auch deshalb, weil eine Handlung eher in die Operationen des Bewusstseinssystems passt.

Wenn in einer bestimmten Kommunikationssituation jemand einem anderen oder einer anderen etwas mitteilt, kann dies als Handlung beobachtet werden. Derartige Beobachtungen sind gängige Praxis in der Textlinguistik. Wir schauen, mit welcher Intention ein Text produziert wird und an einen Empfänger übertragen wird, also eine Mitteilung in Form eines Textes vom Sender zum Empfänger gelangt. Die Reduktion der Kommunikation auf Mitteilungshandeln ist nach Luhmann »nie falsch, wohl aber einseitig, wenn ein Kommunikationssystem sich selbst als Handlungssystem auffasst. Erst durch Handlung wird die Kommunikation als einfaches Ereignis an einem Zeitpunkt fixiert« (1988, 227). Von daher trifft Luhmanns folgende Einschätzung für die Textsortenlinguistik durchaus zu:

> »Wir denken normalerweise Kommunikation immer schon zu sehr als Handlung und können uns daraufhin Kommunikationsketten wie Handlungsketten vorstellen. Die Wirklichkeit eines kommunikativen Ereignisses ist jedoch sehr viel komplexer.« (1988, 232)

Letztendlich ist festzuhalten, dass ein soziales System als Kommunikationssystem und als Handlungssystem zu verstehen ist. Soziale Systeme bestehen aus Kommunikation und aus deren Zurechnung als Handlung (vgl. Luhmann 1988, 240). Damit kann die Frage nach den elementaren Einheiten eines sozialen Systems beantwortet werden:

Definition

»Kommunikation ist die elementare Einheit der Selbstkonstitution, Handlung ist die elementare Einheit der Selbstbeobachtung und Selbstbeschreibung sozialer Systeme.« (Luhmann 1988, 241)

Es ergibt sich die folgende Zusammenschau:

Soziales System	*Elementare Einheit*	*Operation*
Kommunikations-system	Kommunikation: dreifache Selektion von Information, Mitteilung, Verstehen	Selbstkonstitution
Handlungssystem	Handlung: Mitteilungs-handlung als zeitlich fixiertes Ereignis	Selbstbeobachtung

Tab. 2: Soziales System als Kommunikations- und Handlungssystem

Für das Mitteilungshandeln muss der kommunikative Kontext, der Kommunikationshorizont, vorausgesetzt werden. (Sprachliche) Handlungen haben von daher Kommunikationswert (vgl. Luhmann 1988, 233) und nicht die Kommunikation einen Handlungswert.

Mit einem derartigen Gedankengebäude im Hintergrund kann nun gefragt werden, welche Informations-, Mitteilungs- und Verstehensselektionen mit einer Textsorte zu Struktur geworden sind. Das dazu erforderliche Beobachtungsinstrumentarium soll in den folgenden Kapiteln erschlossen werden.

Zunächst und abschließend zur Darstellung der Differenz ›Kommunikation / Handlung‹ erscheint es erforderlich, die Begriffe ›soziales System‹ und ›Kommunikationsbereich‹ zu entflechten.

In der Textsortenlinguistik herrscht in Bezug auf den Kommunikationsbereich Konsens im folgenden Sinne: Kommunizierende müssen sich in der alltagsweltlichen Kommunikation, in wechselnden Kommunikationssituationen, in der Anwendung unterschiedlicher Kommunikationsformen, in sozialen Relationsgefügen (Politik, Wirtschaft, Wissenschaft; Arzt-Patienten-Kommunikation u.a.) zurechtfinden. Zu ihrer kommunikativen Kompetenz gehört es gleichfalls, dass Textsorten in unterschiedlichen Kommunikationsbereichen auftauchen und durch diese auch unterschiedlich ausgeprägt werden können. Ein Kochrezept ist eben etwas anderes als ein Arztrezept.

Fleischer u.a. nehmen in ihrer Stilistik darauf Bezug:

> »Mit der Zuordnung eines Textes zu einer bestimmten Textsorte ist nicht in jedem Fall zugleich auch eine eindeutige Festlegung auf einen bestimmten Kommunikationsbereich verbunden. Die Menge der empirisch gegebenen Textsortenbezeichnungen beruht nicht auf einem einheitlichen Klassifikati-

> onsprinzip. Viele Textsorten können bei entsprechender Abstraktion e i n e m Kommunikationsbereich zugeordnet werden, andere dagegen m e h r e r e n.« (1993, 36; Hervorhebung im Original)

Dieser Differenz wird in jedem Falle noch nachzugehen sein.
Eine Meldung kann z.B. dem Kommunikationsbereich des Militärwesens, des zivilen Wetterdienstes oder aber der juristischen Sphäre zugeordnet werden (vgl. Fleischer u.a. 1993, 36). Unter Kommunikationsbereich verstehen die Autoren »die soziale Sphäre mit den für sie charakteristischen Institutionen (i.w.S.) und Sozialbeziehungen« (Fleischer u.a. 1993, 37).

Somit können wir schlussfolgernd festhalten:
Um Textsorten kommunikationsadäquat ordnen oder klassifizieren zu können, reicht eine Betrachtung von Textsortenbenennungen nicht aus. Vielmehr ist die Ermittlung der Kommunikationsbereiche und ihrer funktionalen Ausdifferenzierung in gesellschaftlichen Systemen erforderlich. Sie bilden den Rahmen, in dem Textsorten verschiedene Leistungen übernehmen.

Darüber, dass Textsorten menschliches Handeln im Allgemeinen reflektieren und ihre Ausprägung in Kommunikationsbereichen erfahren, besteht in der Textlinguistik Einigkeit.

Menschen handeln in bestimmten Handlungsrollen (institutionalisiert oder nicht) kommunikativ, indem sie Texte produzieren und rezipieren, und sie etablieren dadurch Kommunikationsbereiche. Besser sollten wir hier sagen, es werden Handlungsbereiche (vgl. auch Brinker 2010, 127) etabliert, denn hier geht es um Mitteilungshandlungen, die beobachtbar erscheinen. Der Beziehung zwischen Textsorten und Kommunikationsbereich trägt entsprechend ein eigenständiges Kapitel im Halbband *Textlinguistik* der Reihe *Handbücher zur Sprach- und Kommunikationswissenschaft* (HSK) Rechnung, das »zentrale Kommunikationsbereiche« erfasst und für diese die jeweils »konstitutiven Textsorten« vorstellt.

Der Terminus ›Kommunikationsbereich‹ impliziert danach in der bisherigen Textlinguistik

> »bestimmte gesellschaftliche Bereiche, für die jeweils spezifische Handlungs- und Bewertungsnormen konstitutiv sind. Kommunikationsbereiche können somit als situativ und sozial definierte ›Ensembles‹ von Textsorten beschrieben werden« (Brinker u.a. 2000b, XX).

Ausgehend von dieser Definition müssen wir uns wiederum radikal auf Differenz umstellen, denn Handlung und Kommunikation werden in dieser Definition von »Kommunikationsbereich« vermischt. Halten wir die Differenzen fest:

- Kommunikationen schaffen Soziales, d.h. soziale Systeme.
- Kommunikationshorizonte bestimmen weitere Anschlusskommunikationen des sozialen Systems.
- Textsorten sind auf Kommunikation bezogene Strukturen, die Wiederholbarkeit der Kommunikation sichern und damit zur Selbstkonstitution eines sozialen Systems beitragen. Sie sollen vom Kommunikationssystem her erschlossen werden.
- Handlungen hingegen sind sprachliche Mitteilungen, die mit einem Text (Textexemplar) vollzogen werden können, oder nicht-sprachliche Handlungen. Sie unterliegen der Selbstbeobachtung des Handlungssystems und sind zeitlich fixiert.

Es zeigt sich, dass die Begriffe ›soziales System‹ und ›Kommunikationsbereich‹ nicht gleichgesetzt werden können. Und sie haben ja auch einen unterschiedlichen theoretischen Hintergrund – Systemtheorie vs. Handlungstheorie. Wir stellen nun auf die Verwendung des Begriffs ›soziales System‹ um und denken es als Kommunikations- und Handlungssystem.

Als Orientierung für die Untersuchung von Textsorten gilt:

> In den weiteren Untersuchungen von Textsorten orientieren wir uns am Kommunikationssystem eines sozialen Systems. Wenn wir Textsorten in diesem Sinne erschließen wollen, müssen wir Kommunikation als dreifache Selektion von Information, Mitteilung und Verstehen konzeptualisieren. Es reicht also nicht aus, Kommunikation als Übertragungsmechanismus zu verstehen und lediglich Mitteilungshandlungen zu beobachten. In Bezug auf Textsorten ist zu fragen, welche systemspezifischen Informationsselektionen zur Entwicklung der Textsorte führen (Themen) und zu ihrer Reproduktion beitragen, inwiefern die Form der Mitteilungsselektion (sprachliche und nichtsprachliche Strukturen) systemspezifisch ausfällt und inwiefern Verstehensselektionen zu systemspezifischen Anschlusskommunikationen (Textsortenanschlüsse) führen. Entsprechend dem funktional-strukturellen Ansatz Luhmanns wird zu fragen sein, wie sich Textsorten funktional in die Kommunikation sozialer Systeme einordnen lassen.

Weiterführende Literatur

Berghaus, Margot (2003): Luhmann leicht gemacht. Eine Einführung in die Systemtheorie. 2., überarb. u. erg. Aufl. Köln u.a.: Böhlau (UTB 2360), 73–96

Luhmann, Niklas (1988): Soziale Systeme. Grundriß einer Theorie. Frankfurt/M.: Suhrkamp (stw 666)

3

Analyse und Beschreibung von Textsorten und Sinndimensionen

In dem folgenden Kapitel werden die Dimensionen besprochen, die für die Analyse (Textsorte noch nicht bekannt) und Beschreibung (Textsorte bekannt) von Textsorten als Strukturen von Kommunikation herangezogen werden können. Dabei wird es möglich sein, die in der Textsortenlinguistik gängigen Dimensionen (Situativität, Funktionalität, Thematizität und Strukturiertheit, Formulierungsadäquatheit) mit den systemtheoretischen ***Sinndimensionen*** *(zeitlich, sachlich, sozial) zu verbinden. Die textlinguistischen Dimensionen werden zunächst vorgestellt, kurz diskutiert und in Korrelation zu den Sinndimensionen gestellt. Verweise auf Beispielanalysen illustrieren neuere Modelle.*

Grundsätzlich kann festgehalten werden, dass die Dimensionen und Mehrebenenmodelle der Textsortenlinguistik im Zusammenhang mit Fragen der Textklassifikation und Texttypologisierung besprochen wurden. Beides haben wir bereits in Differenz zu einander gesetzt und von einander abgehoben.

Sprachsystematische und kommunikative Merkmale

Aus der Entwicklung der Textlinguistik heraus lassen sich zwei Hauptforschungsrichtungen ableiten, in denen Textsorten beschrieben und voneinander abgegrenzt wurden. Heinemann / Viehweger (1991, 134) wie auch Brinker (2010, 124f.) nennen den sprachsystematischen und den kommunikationsorientierten Forschungsansatz. Der sprachsystematische Ansatz fokussiert strukturelle, d.h. insbesondere grammatische Merkmale oder sprachliche Strukturtypen, die Textsorten von einander abgrenzen. Der kommunikationsorientierte Forschungsansatz nutzt situative und kommunikativ-funktionale Aspekte und führt letztlich eine Textsortenklassifikation auf »eine Handlungs- und Situationstypologie«

(Heinemann / Viehweger 1991, 134) zurück. Letztlich hat Brinker in handlungstheoretischer Perspektive beide Forschungsansätze in seiner Textsortendefinition vereint:

> »Textsorten sind **konventionell geltende Muster** für komplexe sprachliche Handlungen und lassen sich als jeweils typische Verbindungen von kontextuellen (situativen), kommunikativ-funktionalen und strukturellen (grammatischen und thematischen) Merkmalen beschreiben. Sie haben sich in der Sprachgemeinschaft historisch entwickelt und gehören zum Alltagswissen der Sprachteilhaber; sie besitzen zwar eine normierende Wirkung, erleichtern aber zugleich den kommunikativen Umgang, indem sie den Kommunizierenden mehr oder weniger feste Orientierungen für die Produktion und Rezeption von Texten geben.« (2010, 125; Hervorhebung im Original)

Mit dieser Definition sind Dimensionen vorgegeben, mit denen sich Textsorten differenzieren lassen – die Situation, die Funktion, das Thema, die sprachliche Struktur. Es muss wiederum darauf aufmerksam gemacht werden, dass in Textsorten Muster für die Produktion von Texten (Gestaltung von Mitteilungen) und die Rezeption (Verstehen) gesehen werden.

Heinemann / Viehweger verorten eben in diesem Sinne Textsorten als Wissen und Handlungsinstrument von Kommunizierenden:

> »Sprecher haben in ihrer sprachlichen Tätigkeit ein Textsorten- bzw. Typisierungswissen erworben, das sie in die Lage versetzt, in unterschiedlichen Kommunikationsbereichen einer menschlichen Gemeinschaft zusammenzuarbeiten, indem sie Texte produzieren und verstehen, die sie stets mit Situationen, Kontexten und Institutionen in einen systematischen Zusammenhang stellen können, d.h., die Kommunikationsteilnehmer sind in der Lage, in unterschiedlichen Kommunikationsbereichen, die sie als Kontext einer bestimmten Klasse kogniziert haben, situativ wie auch sozial angemessen zu handeln.« (1991, 129)

In den Positionen der hier wiedergegebenen traditionellen Textsortenlinguistik werden jedoch noch keine Aussagen darüber getroffen, welche Rolle Textsorten in Kommunikationen von sozialen Systemen zukommt. Die Fokussierung auf das Subjekt verstellt den Blick auf das Kommunikationssystem und seine Regularitäten für eine sinnhafte Kommunikation.

Zu fragen ist auch, ob die gesamte Sprachgemeinschaft über ein derartiges Textsortenwissen als Überschneidungswissen, das alle Textsorten in allen sozialen Systemen umschließt, verfügt. Auf einen Teil der Textsorten, mit denen Kommunizierende häufiger in Berührung kommen, mag dies zutreffen – Textsorten des Journalismus (z.B. Bericht, Kommentar), literarische Textsorten (z.B. Adoleszenzroman, Gedicht), in gewissem Umfang Textsorten der Wirtschaft (z.B. Rechnung, Rechnungsbeleg, Werbetext), der Religion (z.B. Predigt, Segen), des Erziehungssystems (z.B. Erörterungsaufsatz, Zeugnis) oder des Rechts (z.B. Testament, Gerichtsurteil).

Grundsätzlich ist jedoch die Unterscheidung zu berücksichtigen, dass sprechende und schreibende psychische Systeme systemintern, also im System selbst, Texte produzieren oder als Umwelt die Kommunikationen von Systemen wahrnehmen.

In soziale Systeme inkludierte psychische Systeme haben einen ganz anderen Zugang zu Textsorten und ein anderes Textsortenwissen als exkludierte psychische Systeme in der Umwelt von sozialen Systemen.

Situative, kontextuelle Aspekte erweisen sich also in der Textsortenlinguistik als eine feste Dimension, in Bezug auf die Textsorten zu betrachten sind. Allerdings heben Heinemann / Viehweger (vgl. 1991, 132, 138) zu Beginn der 1990er-Jahre hervor, dass Klassifikationen von Textsorten in Kommunikationsbereichen sehr unterschiedliche Kriterien ansetzen und die Zuordnung von Textexemplaren zu Textklassen willkürlich erfolge. Zudem wird gefragt, welche Bereiche des Situativen eigentlich relevant sind, um sich Textsorten zu nähern. In einen »weiten Situationsbegriff« ordnen sie »Kenntnisse über Kommunikationsbereiche, Institutionen und Gesellschaftsformationen« (1991, 154) und teilen nicht die Annahme, dass man es bei Kommunikation mit einer unüberschaubaren Vielfalt von »relevanten Situationsrahmen« zu tun hat, sondern dass Kommunikationen in jeweils aktuellen Situationskonstellationen vor dem Hintergrund bestimmter Typen gesellschaftlich funktionaler Situationsrahmen bewältigt werden. Derartige Situationsrahmen werden immer wieder mit institutionell geprägten Interaktionen oder Kommunikationsbereichen wie Gesundheitswesen, Post, Rechtswesen, Bildung, Wissenschaft oder Kultur in Verbindung gebracht. Dennoch fragen Heinemann / Viehweger: »Wie aber kann man solche Situationstypen voneinander abheben? In welcher Beziehung stehen sie zueinander?« (1991, 154) Und auch knapp 20 Jahre später wird in Brinker formuliert, dass solche Bereiche wie »Alltagswelt, Welt der Wissenschaft, des Rechts, der Kunst, der Religion, der Wirtschaft, der Verwaltung, der Presse, der Politik« (2010, 128f.) inhaltlich weiter differenziert werden müssten. Adamzik fragt sogar, ob Kommunikationsbereiche, wie sie gerade benannt wurden, überhaupt »als Ordnungsgrößen für die Verortung von Textsorten geeignet sind, ob sie sich also tatsächlich als einigermaßen trennscharfe ›Ensembles von Textsorten‹ erweisen« (2004, 73). Eine klassifikatorische Zuordnung erscheint ihr eher aussichtslos. Diesen Pessimismus teilen wir nicht. Mit der Theorie sozialer Systeme existiert ein Beobachtungsinstrumentarium, mit dem soziale Systeme als Kommunikations- und Handlungssysteme in einer modernen funktional-ausdifferenzierten Gesellschaft in wesentlichen Zügen beschrieben werden können. Darauf kann die Textsortenlinguistik zurückgreifen und von daher die Parameter der einzelnen Dimensionen von Mehrebenenmodellen bedenken und auffüllen.

Aussagen zur *Textfunktion* können im Rahmen dieses Kapitels knapp gehalten werden. Interessant ist, dass Heinemann / Viehweger den Begriff ›Funktion‹ »im Sinne der Systemtheorie« verstehen »als Beitrag eines Elements zum Funktionieren des vollständigen Systems (hier: des Systems der Kommunikation)« (1991, 148, FN 84) – und dies kann nun auf die Mitteilung, den Text, und auf soziale Systeme bezogen werden, worauf wir in Kapitel 4 genauer eingehen wollen. Sie unterscheiden vier »Primärfunktionen des Kommunizierens« danach, was »Texte in Interaktionsakten generell bewirken können« (1991, 149), und zwar das Sich Ausdrücken / Selbst Darstellen, Kontaktieren, Informieren und Steuern. Das ästhetische Wirken nimmt in diesem Modell eine Sonderstellung ein und ist auf die Wirkung fiktiver Texte bezogen. Zwischen den Funktionstypen werden fließende Übergänge gesehen und das Dominanzkriterium erscheint zur Abgrenzung von Funktionen grundlegend.

Wir haben zwar mit der Dimension des Situativen begonnen, dennoch ist festzuhalten, dass die *Funktion* in den Modellen von Heinemann / Viehweger (1991), Heinemann / Heinemann (2002) und Brinker (2010) das Basiskriterium für die Differenzierung von Textsorten darstellt. Vor dem Hintergrund eines handlungstheoretisch geprägten Textbegriffs und sprechakttheoretisch begründet unterscheidet Brinker in seinem prominenten Ansatz fünf »Textklassen« (Funktionsklassen): Informationstexte (z.B. Nachricht, Rezension), Appelltexte (z.B. Werbeanzeige, Kommentar), Obligationstexte (z.B. Vertrag, Gelöbnis), Kontakttexte (z.B. Kondolenzschreiben, Danksagung), Deklarationstexte (z.B. Testament, Ernennungsurkunde). Mit diesem Basiskriterium sieht Brinker (2010, 126) kontextuelle und strukturelle (besonders thematische) Merkmale aufs engste verknüpft.

Die Dimension *Thematizität und Strukturiertheit* enthält im Prinzip drei Kriterien, denen man sich bei der Analyse und Beschreibung von Textsorten widmen kann:

- das Thema,
- die thematische Entfaltung (Brinker 2010) bzw. den Verfahrenstyp oder Vertextungstyp (Heinemann / Viehweger 1991, Gansel/Jürgens 2009) oder Vertextungsstrategien (Eroms 2008),

- Text-Strukturierungstypen (Heinemann / Viehweger 1991). Brinker (2010, 130) kennzeichnet Textthema und die Form der Themenentfaltung als grundlegend für die Textsortendifferenzierung. Dennoch ist zu betonen, dass viele Textsorten eine stark standardisierte Komposition (inhaltliche Gliederung) und Architektonik (äußere Gliederung) aufweisen, die nicht zu vernachlässigen ist.

Im Hinblick auf das *Thema* eines Textes verweist Brinker (2010, 131) auf zeitliche und lokale Restriktionen. Themen seien relativ zum Sprechzeitpunkt zeitlich fixiert, so dass Textsorten eine temporale Orientierung (wie vorzeitig, nachzeitig, gleichzeitig) in Bezug auf das Thema geben würden. Ein Thema gehe dem Sprechzeitpunkt voraus (Protokoll, Weinrezension), folge ihm (Horoskop) usw. Mit der lokalen Orientierung wird die Relation zwischen Emittent bzw. Rezipient und Thema charakterisiert. Das Thema liege außerhalb der Kommunikationspartner, was ja eigentlich für fast jedes Thema geschlussfolgert werden kann. Die hier angesprochenen Restriktionen überzeugen kaum und bieten für eine Differenzierung von Textsorten wenig Potential. Wir gehen davon aus, dass Themen durch soziale Systeme bestimmt sind. Dennoch werden zwei der systemtheoretischen Sinndimensionen (sachlich, zeitlich) angedeutet, auf die noch einzugehen sein wird. Luhmann arbeitet zur Erklärung von Themen wiederum mit einer Differenz ›Themen / Beiträge‹. »Kommunikationszusammenhänge müssen durch Themen geordnet werden, auf die sich Beiträge zum Thema beziehen können.« (Luhmann 1988, 213) Er beobachtet Themen **sachlich**, **zeitlich** und **sozial** in Differenz zu Beiträgen. »Themen haben, um Beiträge koordinieren zu können, einen sachlichen Gehalt.« (Luhmann 1988, 214) So bietet beispielsweise die Rezension aufgrund ihrer vielfältigen Ausprägungen einen sachlichen Gehalt, der zu einer Vielzahl von Beiträgen während einer Tagung führen kann. Die Beiträge könnten danach fragen, ob der Begriff ›Rezension‹ mehrere Textsorten einschließt, auf welche Gegenstände sich Rezensionen beziehen, wie sie gestaltet sind und ob sich Unterschiede in der Gestalt zeigen usw.

Themen haben auch einen zeitlichen Aspekt, sie sind alt oder neu (vgl. Luhmann 1988, 214). Zudem ist der »soziale Aspekt der Themenwahl von Bedeutung« (Luhmann 1988, 215). Das Interesse für Themen erhöht Beitragsmöglichkeiten, so können sich Wissenschaftler und Wissenschaftlerinnen von einer Tagung zu Rezensionen angezogen fühlen oder nicht und sagen damit etwas über sich selbst aus, »über ihre Meinungen, ihre Einstellungen, ihre Erfahrungen, ihre Wünsche, ihre Urteilsreife, ihre Interessen« (Luhmann 1988, 215).

»Themen dienen«, um mit Luhmann zusammenzufassen, »also als sachlich-zeitlich-soziale Strukturen des Kommunikationsprozesses« (1988, 216). Typischerweise ist »Kommunikation [...] ein durch Themen gesteuerter Prozeß« (Luhmann 1988, 216). In ähnlicher Weise, jedoch aus einer anderen Perspektive formulieren Heinemann / Viehweger:

> »Sprecher haben in ihrem Sozialisationsprozeß offenbar auch ein Wissen darüber erworben, dass mit einer konventionellen Textform bzw. einem Schema immer nur spezifische Inhalte bzw. Themen wie auch ›Funktionen‹ verbunden werden können.« (1991, 130)

Die **Verfahrenstypen** bzw. **Vertextungsstrategien** Narration, Deskription, Argumentation, Exposition / Explikation oder Instruktion bieten nun die Möglichkeit, ein Thema in unterschiedlicher Form zu gestalten. Eroms verweist darauf, dass die Gliederung der Verfahren durch »wahrnehmungspsychologische Grundkonstellationen« (2008, 80) begründet ist. Beim Erzählen und Beschreiben möchte man gern Wahrgenommenes weitergeben. Dies erfolgt jedoch einmal mit zeitlichem, zum anderen mit räumlichem Bezug auf Statisches. Argumentieren schließt »rational nachvollziehbare Operationen« ein, worauf beim Instruieren verzichtet wird. Im Rahmen des Wissenstransfers wird erklärt. Eroms sieht Vertextungsstrategien als »hierarchisch hochstehende Prinzipien für die Konstitution von Texten«, sie »steuern die Wahl von Sprachformen auf einer hohen Abstraktionsebene« (2008, 81). Eben deshalb werden sie im Laufe der Ontogenese herausgebildet und sind Kommunizierenden vertraut.

Text-Strukturierungstypen sollten jeweils an Textexemplaren festgemacht und für die Textsorte insgesamt überprüft werden. Argumentative Werbetexte halten sich sehr häufig an die Struktur ›Rahmenöffnung, strittige Annahme, Argumente, Konklusion, Rahmenschließung‹. Hotelbeschreibungen in Reisekatalogen folgen in einer deskriptiven Darstellung den Kategorien ›Lage, Wohnen, Essen, Sport o.ä.‹, was im Layout des Textes auch formal abgesetzt wird.

Formulierungsadäquatheit schließt Kommunikationsmaximen, textsortenspezifische Formulierungsmuster (textklassenspezifische Einzellexeme, Kollokationen, Stereotype, Gliederungssignale) und stilistische Besonderheiten ein.

Fassen wir die Modelle der Analyse und Beschreibung von Textsorten zusammen, die mehrere Ebenen integrieren, so ergibt sich folgendes doch recht einheitliches Bild:

Heinemann / Viehweger (1991)	*Heinemann / Heinemann (2002)*	*Brinker (2010)*	*Adamzik (2004)*
Funktions-typen	Funktionalität	Kommunikativ-funktionaler Aspekt: Textfunktion	Situativer Kontext
Situations-typen	Situativität	Kontextuelle Kriterien	Funktion
Verfahrens-typen	Thematizität	Struktureller Aspekt: thematische Ebene	Thema Inhalt
Textstruktu-rierungstypen	Strukturiertheit		
Prototypische Formulie-rungsmuster	Formulierungs-adäquatheit	Struktureller Aspekt: textsortenspezifische sprachliche (Lexik, Grammatik) und ggf. nicht-sprachliche Mittel	Sprachliche Gestalt

Tab. 3: Dimensionen verschiedener Mehrebenenmodelle

Sinndimensionen

Zu diskutieren wären weiterhin die Hierarchisierung der aufgeführten Dimensionen, ihre wechselseitige Beeinflussung sowie die ihnen zuzuordnenden Parameter. Aus der Tabelle wird ersichtlich, dass in Bezug auf die Hierarchie der Dimensionen zwei unterschiedliche Positionen vertreten wurden bzw. werden. Während lange Zeit in handlungstheoretischer Tradition die Funktion als Basiskriterium galt, gibt Adamzik (2004, 59) der situativen Dimension besonderes Gewicht, wie es auch hier erfolgt, jedoch mit anderem theoretischen Hintergrund. Zudem geht sie nicht von einer Hierarchie der Dimensionen aus, sondern sieht die Dimensionen als »enges Beziehungsgeflecht« (2004, 59) und die Notwendigkeit, einzelne Aspekte aufeinander zu beziehen.

Um das Beziehungsgeflecht der bisher eingeführten Dimensionen weiter zu differenzieren, sollen diese im Folgenden mit den systemtheoretischen Sinndimensionen in Korrelation gesetzt werden. *Sinn* ist ein ganz wesentlicher Begriff in der Theorie der sozialen Systeme. Sinn dient als Universalmedium, um Kommunikation auf Kommunikation beziehen zu können. Sinn wird systemtheoretisch als Differenz zwischen Aktualität und Möglichkeit verstanden und in der Autopoiesis sozialer Systeme selbst produziert und verwendet. Sinn wird durch Selektionen konstruiert, die einen Bezug zum jeweiligen sozialen System aufweisen müssen. Im Rahmen ihrer Untersuchung zu Rektoratsantrittsreden im 20. Jahrhundert hat Meinhardt (2008) gezeigt, wie im sozialen System der Investitur einer Universität Kommunikationen zu differenzieren sind, die in Relation zueinander stehen und immer wieder neu aktualisiert werden müssen, so z.B. die Wahl des Rektors, die Einladung zur Investitur, die Rektoratsantrittsrede. Das System ›Investitur‹ wird im Laufe des Jahrhunderts in derselben Weise konstituiert. Rektoratsantrittsreden schließen aneinander an und sichern somit sinnhaftes Verstehen. Man kann sagen, dass sinnhafte Kommunikationen soziale Systeme konstituieren. Dabei sieht Meinhardt (2008) die Rektoratsantrittsrede als konstituierend für das System ›Investitur‹.

Wie schon an den eingeführten Dimensionen zur Differenzierung von Textsorten ersichtlich wurde, gibt es viele Varianten etwas als sinnvoll zu erachten. Und doch geht Luhmann davon aus, dass in allen Sinnzuweisungen drei fundamentale Unterscheidungen auszumachen sind. Wir haben die Dimensionen oben bereits benannt. Es geht um

- die Sachdimension,
- die Zeitdimension,
- die Sozialdimension.

In der Sachdimension geht es um das WAS, um eine Unterscheidung von innen nach außen, was gehört zu einem System, was nicht, welche Themen können angesprochen werden, welche nicht. Die Sachdimension mündet in Luhmanns Theoriegebäude in die Theorie der Differenzierung. In der Zeitdimension wird alles nach Vergangenheit / Zukunft, vorher / nachher beobachtet. Als Mechanismen der Zeitdimension nennt Luhmann »Variation«, »Selektion«, »(Re)Stabilisierung«, worauf später (Kapitel 8) noch einzugehen sein wird. Die Zeitdimension wird in der Theorie der Evolution ausgeführt.

In der Sozialdimension wird nach dem WER gefragt, nach der eigenen Perspektive und der der anderen für Kommunikation (Theorie der Kommunikation), also auch nach Absichten und Zwecken. Es ergeben sich die folgenden Korrelationen zur Differenzierung und Beschreibung von Textsorten:

Textlinguistik	*Fragen an den Text*	*Systemtheorie*
Funktion	Wozu?	Sozialdimension / Kommunikation
Situation	Wer in welchem Kontext?	Sozialdimension / Kommunikation
Inhaltliche und sprachliche Struktur	Was? Wie?	Sachdimension / Differenzierung
Diachrone Textsortenbeschreibung	Wann?	Zeitdimension / Evolution

Tab. 4: Fragen an den Text aus textlinguistischer und systemtheoretischer Perspektive

Korrelationsmodelle

Die Tabelle reflektiert Überschneidungen zwischen textlinguistischen und systemtheoretischen Dimensionen. Die systemtheoretische Sozialdimension wird entscheidend sein, um die bisher in der Textlinguistik recht stiefmütterlich behandelte Situationsdimension durch entsprechende Parameter zu fundieren und zu erweitern. In Bezug auf sprachliche Strukturen ist klar, dass hier die Textlinguistik mit ihrem breiten linguistischen Instrumentarium aufwarten kann.

Meinhardt (2008) ging in Anlehnung an Adamzik (2004) von einem Beziehungsgeflecht der Dimensionen aus, wobei die systemtheoretischen Dimensionen ergänzt wurden:

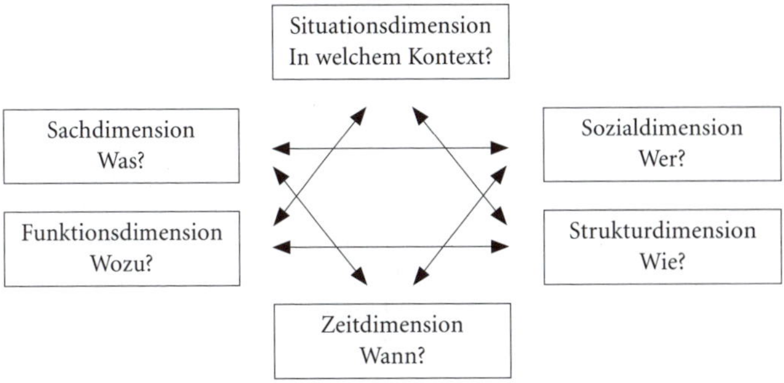

Abb. 2: Korrelationsmodell zur diachronen Textsortenbeschreibung (Meinhardt 2008, 233)

In Bezug auf die Rektoratsantrittsreden des 20. Jahrhunderts wurden die folgenden Fragen unter Einbeziehung wechselseitig möglicher Abhängigkeiten gestellt. Ziel war eine diachrone Textsortenanalyse, für die die Zeitdimension eine entscheidende Rolle spielte.

> »a) Situationsdimension (In welchem Kontext?)
> Welche(n) kontextuellen Rahmenbedingungen / Kontext weisen die zeitlichen Einheiten auf?
> Hat die Zeit Einfluss auf den Kontext?
> b) Sozialdimension (Wer?)
> Welche Handlungsrollen werden innerhalb der Investitur eingenommen?
> Welchen Einfluss besitzen die Zeit und der Kontext auf die Handlungsrolle des Rektors und das Investiturpublikum bzw. auf die Rezipienten der Publikation?
> Welchen Einfluss besitzen die Handlungsrolle des Rektors und das Investiturpublikum auf den Kontext?
> c) Zeitdimension (Wann?)
> Welchen Einfluss hat der Zeitpunkt (der zeitgeschichtliche Einfluss) auf die Textsorte in Bezug auf Irritationen bzw. Stabilisierungen einer Textsorte?
> d) Sachdimension (Was?)
> Was wird in den Reden thematisiert?
> Welchen Einfluss haben die Zeit, der Kontext, die Sozialdimension und die Funktionsdimension auf den Inhalt der Reden?
> e) Funktionsdimension (Wozu?)
> Welche Funktion ist anhand des kontextuellen und sozialen Rahmens aus diesem Text herauszulesen?
> Welcher Zusammenhang besteht zwischen der Zeit und der Funktion?
> f) Strukturdimension (Wie?)
> Wie werden die Aussagen über den Text realisiert? Hier soll speziell auf die Stilistik des Textes eingegangen werden, auf die elocutio der Rede. Welche Aussagen macht der Stil des Textes über die Zeit, den Kontext, die Sozialdimension und die Funktions- und Sachdimension?« (Meinhardt 2008, 234)

In der Bewertung des Analysemodells wird festgestellt, dass sich das Korrelationsmodell aus textlinguistischen und systemtheoretischen Beobachtungsdimensionen in Bezug auf die diachrone Textsortenbeschreibung als umfassend und systematisch erwiesen habe. Mit Hilfe der einzelnen Dimensionen konnte die Textsorte im Verlauf des 20. Jahrhunderts umfassend beschrieben werden. Abhängigkeiten und Verbindungen zwischen einzelnen Beschreibungsebenen bestätigten sich. Wechselseitige Beeinflussungen zwischen allen Dimensionen zeigten sich am Beispiel der Textsorte *Rektoratsantrittsrede* nicht. Die Situations- und die Sozialdimension konnten als Basisdimensionen in der Textsortenbeschreibung etabliert werden. Die Investitursituation bedingt die Entstehung einer Rektoratsantrittsrede, wird jedoch auch erst durch die Funktionsrolle des neugewählten Rektors hervorgerufen. Die Sozial- und die Situationsdimension sind somit konstitutive Ebenen (Basisdimensionen) in der Textsortenbeschreibung der Rektoratsantrittsrede, die Einfluss auf die Funktion, die Struktur und Sachgegenstände der Textsorte nehmen.

Das WAS? WIE? und WOZU? jedoch steht in einem dynamischen Abhängigkeitsverhältnis zueinander. Zwischen diesen Dimensionen ergeben sich wechselseitige Beeinflussungen.

Die Bedeutung der Zeitdimension zeigte sich durch ihre Mechanismen (Variation, Selektion und Stabilisierung) in der Textmusterveränderung bzw. Etablierung.

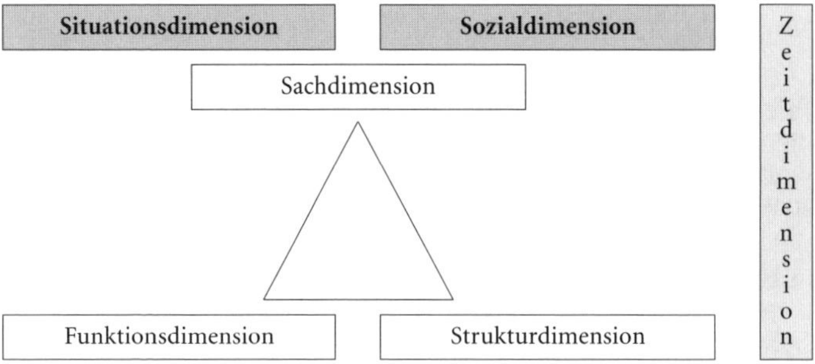

Abb. 3: Modifiziertes Beschreibungsmodell für die diachrone Textsortenbeschreibung (Meinhardt 2008, 245)

Löffler (2008) hat das Modell für synchrone Textsortenanalysen überprüft und konnte es in folgender Weise bezogen auf den eigenen Gegenstand – Ratgebertexte in Publikumszeitschriften – modifizieren:

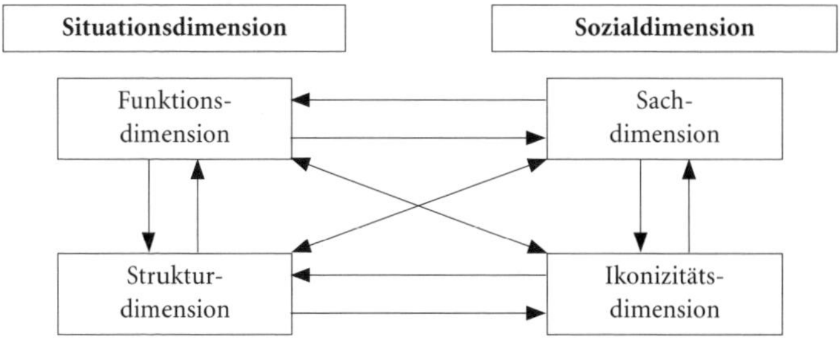

Abb. 4: Analysemodell für die synchrone Textsortenbeschreibung (Löffler 2008, 258)

Die Situations- und Sozialdimension erscheinen auch in der Untersuchung Löfflers als grundlegend für die Einordnung von Texten in ihren Kommunikationszusammenhang und beziehen sich auf textexterne Kriterien.

> »Die vier primär textintern zu analysierenden Dimensionen bedingen einander und stehen einerseits in einem hierarchischen Verhältnis, andererseits aber auch in einem reflexiven Verhältnis zueinander. Hierarchisch insofern, als davon auszugehen ist, dass die Funktions- und die Sachdimension die beiden anderen Dimensionen dominieren und deren Ausprägung determinieren, reflexiv insofern, als sich erst in der Struktur- und der Ikonizitätsdimension die beiden anderen Dimensionen widerspiegeln und etabliert werden.« (Löffler 2008, 258)

Neu in dem Modell Löfflers ist – und dies sei ausdrücklich hervorgehoben – die Ikonizitätsdimension. Damit werden jene Aspekte erfasst, »die sich mit der Anordnung des Textes in dem Massenmedium selbst und mit der Interaktion von Text und Bild beschäftigen. Kurzum, mit der Ikonizitätsdimension werden Fragen zum Textlayout erörtert« (Löffler 2008, 258). Löffler entscheidet sich damit für eine konsequente dimensionale Unterscheidung von sprachlichen und nicht-sprachlichen Strukturen, die einem modernen Textverständnis entspricht.

In ihrer Masterarbeit (2007) hat Löffler eine ausführliche Untersuchung zu Ratgebungstexten in der Verbindung von textsortenlinguistischen Herangehensweisen und systemtheoretischen Bereicherungen vorgenommen und Ratgebungstexte einer Textklassifikation unterzogen:

Systematische Kategorie	*Textsortenlinguistik*	
Klasse	Textklasse	Medientexte
Ordnung	Textordnung	Journalistische Texte
Familie	Textfamilie	Ratgebungstexte
Gattung	Textsorte	Ratgebertext + Ratschlag + Frage / Antwort
Art	Textsortenvarianten	

Tab. 5: Klassifikation von Ratgebungstexten (Löffler 2008, 257)

Auf der Grundlage eines mehrdimensionalen Modells konnten drei Textsorten innerhalb der Textfamilie ›Ratgebungstexte‹ unterschieden werden. Tabelle 6 fasst die Parameter der einzelnen Dimensionen bezogen auf einen speziellen textsortenlinguistischen Gegenstand der Untersuchung zusammen:

	Ratgebertext	*Ratschläge*	*Frage / Antwort*
Situation	Kommunikationsbereich Öffentlichkeit Medium: Massenmedium Zeitschrift Wissens- / Fachbereich: Erziehung + Medizin Bereichsfunktion: Beratung Zielgruppe: Familie		
Sozialdimension	Verfasser / Ratvermittler: Journalist, Autor Experte / Ratgeber: Fachperson Leser / Ratsucher/Ratempfänger: Schwangere, Elternteil, erziehende Person etc.		
Sache *je 3 Hauptthemen*	(1) Erziehung (2) Medizin (3) Schwangerschaft / Geburt	(1) Medizin (2) Erziehung (3) Beauty /Wellness	(1) Erziehung (2) Medizin (3) Ernährung
Themenentfaltung	global: explikativ (für Ratschläge auch deskriptiv) lokal: durch weitere Vertextungsmuster unterstützt		
Themenverlauf	Explanandum (Problem) Explanans (Explizierung) Lösung (variabel)	Explanandum Explanans (verkürzt) Lösung oder Deskription	Frage (Explanandum) Antwort (Explanans + Lösung)
Struktur	Pro-Formen, Bedeutungsverschiebungen, Ad-hoc-Bildungen, Schlagwörter, Fragen, Imperative, Modalverben, Konditionalsätze etc.	spannungserzeugende Stilmittel, Fragen, Imperativ(äquivalent)e, einfache Sätze, Kurzformen, Anapher, Aufzählungen etc.	Fragen, Imperativ(äquivalent)e, Performative, Heckenausdrücke

Ikonizität	zahlreiche Abbildungen, Info-Kästen, Ikone, Emoticons etc.	weniger Abbildungen, weniger auffällig gestaltet	ein Bild pro Text, inhaltliche Zweiteilung auch optisch dargestellt
Funktion	dominant: Information und Appell subsidiär: emotionales Bewegen, Kontakt, ästhetisches Wirken → polyfunktionale, nicht-verbindliche Empfehlungen		
Hauptanliegen neben dem Beraten	Unterhaltung	Mitteilung	Leser-Blatt-Bindung
Textsorten-varianten	zusammenhängende vs. zusammengesetzte Ratgebertexte	theoretische vs. praktische Ratschläge	ratzentrierte vs. ratbezogene Beratungen

Tab. 6: Ratgebertexte, Ratschläge und Fragen / Antworten im Vergleich (Löffler 2008, 270)

Weiterführende Literatur

Adamzik, Kirsten (2004): Textlinguistik. Eine einführende Darstellung. Tübingen: Niemeyer, 49ff.

Heinemann, Margot / Heinemann, Wolfgang (2002): Grundlagen der Textlinguistik. Interaktion – Text – Diskurs. Tübingen: Niemeyer, 144–156

Heinemann, Wolfgang / Viehweger, Dieter (1991): Textlinguistik. Eine Einführung. Tübingen: Niemeyer, 145–167

Brinker, Klaus (2010): Linguistische Textanalyse. Eine Einführung in Grundbegriffe und Methoden. Bearb. von Sandra Ausborn-Brinker. 7., durchges. Aufl. Berlin: Erich Schmidt

4

Situativität und Sozialdimension – soziale Systeme und Textsorten

Die Situativität bildet die Dominante, von der bei einer Klassifikation und Bearbeitung von Textsorten auszugehen ist. Das folgende Kapitel erläutert die Parameter, die der Dimension der Situativität zugeordnet werden sollen. Im ersten Unterabschnitt wird auf die Parameter ›soziales System‹, ›Systemrationalität‹, ›Rolle‹ und ›Medium‹ eingegangen. Der zweite Unterabschnitt illustriert, was es bedeutet, dass Textsorten Bestandteil der Kommunikationsstruktur von sozialen Systemen sind.

Parameter – Soziales System, Systemrationalität, Rollen, Medium

Eng verbunden mit der Situativität in textlinguistischen mehrdimensionalen Modellen zur Analyse oder Beschreibung von Textsorten ist die soziale Dimension der Systemtheorie. Zu fragen ist, wie wir diese Dimension abstecken können und mit welchen Parametern dabei gearbeitet werden soll. Bisher ist auf zwei wesentliche Differenzen aufmerksam gemacht worden, die nun im Zusammenhang mit der Erklärung der Dimension der Situativität nicht außer Acht gelassen werden können – die System/Umwelt-Differenz sowie die Differenz von Kommunikation und Handlung. Es wird zu fragen sein, in welchem sozialen System eine zu untersuchende Textsorte als für die Kommunikation zur Verfügung stehende Struktur ausgebildet wurde. Von dorther ist grundsätzlich zu klären, wie sich eine Textsorte in die Kommunikationsregularitäten des Systems integriert.

Die in textlinguistischen Darstellungen aufgeführten Parameter zur Situativität zeichnen sich durch ein Spektrum allgemeiner, besonderer und spezieller Faktoren aus, die der Systemspezifik und der Differenz von Kommunikation und Handlung nicht immer gerecht werden können. Während Heinemann / Viehweger (1991) in starkem Maße Interaktionen fokussieren und in eine Typik bringen, stellt Adamzik (2004)

Beobachtungen zum Umgang mit Texten an. Sie beobachtet recht spezifische Mitteilungs- und Verstehenshandlungen, die sich von der Individualität von Texten leiten lassen, wobei die Zuordnung von Textsorten als kontextueller Faktor verstanden wird. Über folgende situative Parameter herrscht in der Textlinguistik Konsens.

Heinemann / Viehweger (1991, 155ff.); Heinemann / Heinemann (2002, 147)	Adamzik (2004, 61ff.)
Interaktionale Rahmentypen / Tätigkeitssituation	Weltspezifik
Soziale Organisation der Tätigkeiten in Kommunikationsbereichen	Kommunikationsbereiche
Anzahl der Partner	
Soziale Rollen der Interagierenden	Produzent und Rezipient / soziale Rollen
Kanal / Medium	Medium
Wahrnehmungssituation / Umgebungssituation	Raum-zeitliche Situierung und Objektgebundenheit
	Intertextualität und diskursive Einbettung

Tab. 7: Situativitätsparameter

Im Folgenden geht es um eine Systematisierung der Parameter in systemtheoretischer Perspektive, ihre Relevanz und hierarchische Ordnung. Die situativen Parameter sollen dazu beitragen zu erschließen, welcher Sinn von Kommunikation sich mit einer Textsorte realisieren lässt. Die Parameter der Situativität nach Heinemann / Viehweger (1991), wie sie ebenso in Heinemann / Heinemann (2002) wieder aufgenommen wurden, lassen sich mit einer systemtheoretischen Perspektive gut verbinden. Dies soll im Folgenden anhand von Notizzetteln für die Dozentensprechstunde an Hochschulen (vgl. Buchholz 2009) erläutert werden. Mit der Situation nehmen Heinemann / Viehweger (1991, 155) auf grundlegende interaktionelle Tätigkeiten Bezug, und dabei geht es systemtheoretisch gedacht vor allem um Kommunikationen als Letztelemente oder die spezifische Operation von sozialen Systemen. Gegenständlich-praktische Tätigkeiten interessieren hier nicht, auch nicht, wenn sie mit Kommunikation verbunden sind. Die Dozentensprechstunde an Hochschulen bildet einen interaktionalen Rahmentyp. In systemtheoretischem Sinne bildet sie ein Interaktionssystem, das auf Anwesenheit mindestens zweier psychischer Systeme / Personen basiert, die sich mit Hilfe von Sprache strukturell koppeln. Heinemann / Viehweger stellen fest, dass »die meisten Interaktionsereignisse [...] institutionell geprägt (sind)« (1991, 155) und in bestimmten Kommunikationsbereichen organisiert und vollzogen werden.

Die Dozentensprechstunde findet an einer Hochschule statt, also an einer Institution, die bestimmte gesamtgesellschaftliche Aufgaben übernimmt. Luhmann versteht die Universität oder eine Hochschule als autopoietisches Organisationssystem, das auf Mitgliedschaft der Angehörigen basiert (Dozent / Dozentin – Arbeitsvertrag; Student / Studentin – Studierendenausweis). Als Mitglied berücksichtigt man die in der Organisation geltenden Regeln, handelt und kommuniziert auf der Grundlage getroffener Entscheidungen. Auf der Grundlage bestimmter Entscheidungen sind Organisationssysteme operativ geschlossen. Entscheidungen bilden das Letztelement der Kommunikation von Organisationssystemen. Sie sind eine besondere Form von Kommunikation, die Form der Kommunikation von Organisationen. Das Organisationssystem ›Universität‹ sieht Luhmann nun als ein System, das die Verbindung zwischen zwei funktional ausdifferenzierten Systemen herstellt – zwischen dem System ›Wissenschaft‹ und dem System ›Erziehung‹. Einer Hochschule obliegen deshalb zwei wesentliche Aufgaben: die Erzeugung neuen Wissens und die Bereitstellung dieses Wissens für Studierende auf der einen Seite (Wissenschaft) sowie die Produktion von Zertifikaten, die für Karrieren selektieren (Erziehung), auf der anderen. Letztlich muss also der Notizzettel von Studierenden für die Dozentensprechstunde in der Konstellation der eben umrissenen Systeme gesehen werden.

Während der Dozentensprechstunde kann beobachtet werden, dass Studierende einen solchen Zettel als Mitteilung für sich selbst aus der Tasche holen, notierte Fragen abarbeiten, das Gespräch in wichtigen Teilen ergebnisorientiert protokollieren oder auch Verstehenshandlungen signalisieren, indem sie notierte Fragen als im Gespräch bearbeitet mit Häkchen markieren oder dies lautlich kundtun (z.B. »ja, hab ich« oder »ok« usw.). Der möglicherweise während des Sprechstundengesprächs ergänzte Notizzettel dient im Anschluss Studierenden als Instrument zur Selbstreflexion, als Unterstützung zur Erzeugung von Wissen (z.B. in Haus- und Abschlussarbeiten), als Stütze zur Organisation von Prüfungen (Absprache von Prüfungsterminen, Prüfungsinhalten und -anforderungen) oder sonstiger Angelegenheiten, also als Entscheidungshilfe.

Nehmen wir auf den dritten und vierten Parameter von Situativität – Anzahl der Partner und soziale Rollen – Bezug, so ist festzuhalten, dass das Interaktionssystem ›Dozentensprechstunde‹ aus zwei Teilnehmenden besteht, die in den sozialen Rollen ›Studierender‹ und ›Lehrender‹ agieren (Beteiligungsrollen im Gespräch, Berufsrollen vgl. Adamzik 2004, 85). Auf den Notizzettel haben Lehrende keinen Zugriff, bemerken sein Vorhandensein möglicherweise nicht einmal im Gespräch. Er ist also nur an die Rolle der Studierenden geknüpft, er dient der Kommunikation mit sich selbst. Der Notizzettel ist also ein Instrument neben anderen, das die Selbstreflexivität des Studierenden und seine selbstreflexive Entwicklung vom Laien hin zu einem Experten, der mündig mit erworbenem Wissen umzugehen vermag, befördern kann. Die Anzahl der Kommunikationspartner ist für die Textsorte ›Notizzettel von Studierenden für die Dozentensprechstunde an Hochschulen‹ insofern von Belang, als Dozenten Umwelt von Studierenden darstellen, Anregungen geben, Irritationen oder Störungen bei Studierenden auslösen, die deren Selbstreflexivität steigern (»Ich stimme Ihnen zu, aber können sie nicht noch XY bedenken.« Oder »Notieren Sie sich doch noch den folgenden Literaturhinweis.«). In diesem Sinne sind ebenso Lehrveranstaltungskommentare oder Seminarkonzeptionen, die an Studierende adressiert sind, zu verstehen. Zu beobachten sind sie lediglich als Mitteilungshandlung. Die Entwicklung der Studierendenrollen vom Laien zum Experten zielt darauf, sich in die Lage zu versetzen, für bestimmte Karrieren Wissen zu erzeugen, bereitzustellen und zu distribuieren, letztlich auf unwahrscheinliche Kommunikationen vorzubereiten. Das durch die Funktionssysteme ›Wissenschaft‹ und ›Erziehung‹ determinierte Anliegen der Hochschule ist damit erfüllt.

Fassen wir zu den Parametern der Situativität bis hier zusammen:
- Der wichtigste Parameter für das Erfassen der Situativität einer Textsorte ist es, sie in einem *sozialen System* zu verorten, in dem sie eine Struktur bildet, die sich aus der Funktion des Systems ableiten lässt. Bezogen auf die Beispieltextsorte bedeutet dies:
- Funktional ausdifferenzierte Teilsysteme der Gesellschaft: Wissenschaft und Erziehung,
- die über das Organisationssystem ›Hochschule‹ in Relation zu einander stehen,
- innerhalb des Organisationssystems das Interaktionssystem ›Dozentensprechstunde‹ mit den inkludierten **sozialen Rollen** ›Studierende‹

und ›Lehrende‹ und der der Rolle ›Studierende‹ zugeordneten Textsorte ›Notizzettel für die Dozentensprechstunde‹.

Es ist davon auszugehen, dass die Regularitäten der Kommunikation des jeweils übergeordneten funktionalen Teilsystems in den Textsorten reproduziert werden.

Von daher ist es für die Untersuchung von Textsorten wesentlich, sich die Systemrationalität der einzelnen gesellschaftlichen Teilsysteme bewusst zu machen. Die Systemtheorie bietet dafür vielfältige Anregungen.

Für uns ist nun wichtig zu erschließen, auf welche Weise die Systemtheorie Teilsysteme der Gesellschaft beschreibt.

Nach Luhmann wird die **Systemrationalität** funktional ausdifferenzierter Teilsysteme der Gesellschaft wie Recht, Politik, Wirtschaft, Religion, Kunst, Erziehung oder Wissenschaft mit den Kategorien ›Funktion‹, ›Leistung‹, ›Medium‹, ›Code‹, ›Programm‹ beschrieben. Die *Funktion* eines Systems besteht darin, für ein spezifisches Problem »funktional äquivalente Problemlösungen« (Krause 2005, 151) anzubieten. Während es die Funktion der Wissenschaft ist, neues wahres Wissen zu erzeugen, besteht die Funktion der Erziehung in der Lernbefähigung und der Selektion für Karrieren. Der Aspekt *Leistung* sagt etwas über die Beziehungen von Systemen aus. Systeme stellen für andere (psychische oder soziale) Systeme Leistungen zur Verfügung. So stellt die Wissenschaft Wissen für andere Systeme der Gesellschaft (z.B. für die Medien oder das Erziehungssystem) bereit. Das Erziehungssystem bereitet auf unwahrscheinliche Kommunikationen in der Zukunft vor. Das *Medium* in der Systemrationalität meint ein symbolisch generalisiertes Medium, ein Erfolgsmedium. Es konditioniert die Motivationen und Selektionen unbestimmter Kommunikationen und ist entscheidend für die Annahme von Kommunikation. Wissenschaft operiert im Medium ›Wahrheit‹. Dabei ist Wahrheit im System der Wissenschaft etwas Relatives. Sie gilt in Bezug auf Erkenntnisse zu einem wissenschaftlichen Gegenstand nur so lange, bis neue Erkenntnisse auf der Grundlage neuer Theorien und Methoden vorliegen bzw. schlüssiger erscheinen. Zu denken wäre beispielhaft daran, dass ein Atom doch etwas Spaltbares ist oder die Korpuslinguistik umfassendere Aussagen zum Sprachwandel hervorbringen kann. Aus dem Medium leitet sich der *Code*, die binäre Leitdifferenz des Systems, ab, z.B. für die Wissenschaft ›wahr / falsch‹. *Programme* sind die flexibelsten Bereiche funktional ausdifferenzierter Systeme. Sie versorgen das System mit zulässigen Regeln des Kommunizierens. In Bezug auf die Wissenschaft sind dies Theorien und Methoden (vgl. Krause 2005). Mit neuen theoretischen Ansätzen und auf der

Grundlage neuer wissenschaftlicher Methoden können neue Erkenntnisse, die alte revidieren, gewonnen werden.

System	*Funktion*	*Leistung*	*Medium*	*Code*	*Programm*
Wissenschaft	Erzeugung neuen Wissens	Bereitstellung neuen Wissens	Wahrheit	Wahrheit / Unwahrheit	Theorien und Methoden
Erziehung	Selektion von Karrieren	Ermöglichung unwahrscheinlicher Kommunikationen	Lebenslauf (Kind)	Besser lernen / schlechter lernen; Lob / Tadel	Bildung, Lehr- /Lernpläne

Tab. 8: Systemrationalität von Wissenschaft und Erziehung (Krause 2005, 50)

Die soziologische Theorie der sozialen Systeme, in der die Systemrationalität für die funktional-ausdifferenzierten Systeme der Gesellschaft beschrieben wird, überschreitet den linguistischen Kompetenzbereich immens. Dennoch erscheint es sinnvoll und produktiv, diesen Aspekt doch wenigstens in Ansätzen zu berücksichtigen. In Kenntnis der Kategorien der Systemrationalität von funktional-ausdifferenzierten Systemen wird es möglich, zu erschließen, »nach welchen Sinnverarbeitungsregeln kommuniziert wird« (Becker / Reinhardt-Becker 2001, 51). Um Textsorten als Strukturelement der Kommunikation eines Systems zu erfassen, ist dies ganz entscheidend. Sinnverarbeitungsregeln sind dabei in folgender Weise zu verstehen: Jedes funktionale System (d.h. in ihm Personen und Organisationen) kommuniziert in jeder Kommunikation mit Bezug auf die Systemrationalität. Es lässt sich von der Systemrationalität lenken. Sinn wird in der Kommunikation hergestellt, indem jeweils an vorausgegangene Kommunikationen sinnhaft angeschlossen wird und dafür auch spezifische Mittel wie Lexik, syntaktische Konstruktionen oder eben Textsorten bereitgestellt werden, in denen die spezifischen Themen des Systems bearbeitet werden können. Sinnverarbeitungsregeln gehören zur Autopoiesis des Systems und weisen darauf hin,

> »dass jedes System eigene Strukturen entwickelt und anhand der Entwicklung eigener Strukturen, eigener Präferenzen, auch eigener Wörter, eigener Sätze, die man wiederholen kann [...], eigene Strukturen aufbauen kann« (Luhmann 2004, 137).

Entscheidend ist es jedoch nicht, wo und von welcher Person oder vor welcher Person im Speziellen die Kommunikation betrieben wird. Wir würden dann wiederum Handlungen beobachten. Deshalb erfolgt eine Konzentration darauf, in welchen Rollen kommuniziert wird. Zwar sind Interaktionssysteme wie die Dozentensprechstunde an Hochschulen in ihrer Wahrnehmungs- bzw. Umgebungssituation auf Personen, räumlich und zeitlich festgelegt – Wahrnehmung spielt in der Systemtheorie für Interaktionssysteme eine ganz wesentliche Rolle. Der Sinn der Kommunikation während einer Sprechzeit und möglicherweise vorbereiteter Notizzettel verändert sich jedoch nicht, wenn das Gespräch in einem Café oder zu einem später angesetzten Zeitpunkt stattfindet. Der kommunikative Sinn einer Hochschulsprechstunde verändert sich auch nicht dadurch, dass die Person ›Dozent X‹ durch die Person ›Dozent Z‹ ersetzt wird. Erwartet wird, dass eine Person in einer Rolle an Regeln orientiertes Verhalten zeigt.

> »Der Rollenbegriff ist auf Einzelmenschen zugeschnitten, hat aber zugleich ein abstraktes Format, denn eine Rolle kann durch verschiedene Menschen in ungefähr ähnlicher Form ausgeführt werden, und es gibt Orientierungen, die ganz davon absehen können, wer die Rolle ausführt.« (Luhmann 2004b, 251)

Somit kann festgehalten werden, dass die sozialen Parameter ›Soziales System‹, ›Systemrationalität‹, ›soziale Rollen‹ von höchster Relevanz für die Untersuchung von Textsorten sind.

Heinemann / Viehweger (1991), Heinemann / Heinemann (2002) und auch Adamzik (2004) benennen das **Medium** als einen weiteren wesentlichen Parameter der Situativität. Grundsätzlich können Textsorten medial unterschiedlich vorkommen und ihre sprachliche Gestalt / Form ist durch das Medium determiniert. Von daher würde es sich auch als stimmig erweisen, mediale Aspekte im Zusammenhang mit der Dimension der Formulierungsadäquatheit zu behandeln. So unterscheidet sich die Gestalt von Werbung in Printmedien von der in Fernsehspots, Verkaufsanzeigen für Fahrzeuge in der Presse unterscheiden sich von ebay-Verkaufsanzeigen für PKW von Privat, Bekanntschafts- und Heiratsanzeigen haben im Internet die Form eines Profils oder Steckbriefs angenommen. Somit stellt sich neben den gestalterischen Aspekten die Frage, ob die durch mediale Bedingungen der Kommunikation / Textproduktion hervorgerufenen Veränderungen zu neuen Textsorten oder Textsortenvarianten führen und damit einen wichtigen Aspekt der sozialen Dimension bilden.

Die in diesem Kapitel herangezogenen Notizzettel sind auch für weitere Aspekte in Bezug auf das Medium interessant. Medien nennt Luhmann »diejenigen evolutionären Errungenschaften, die an jenen Bruchstellen der Kommunikation ansetzen und funktionsgenau dazu dienen, Unwahrscheinliches in Wahrscheinliches zu transformieren« (1988, 220). Grundlegendes Medium ist für Luhmann Sprache. Schrift, Druck und Funk zählt er zu den Verbreitungsmedien. Notizzettel werden schriftlich fixiert, sie sind so aufbewahrbar und unabhängig von Interaktion. »Man formuliert für unabsehbare soziale Situationen, in denen man nicht anwesend zu sein braucht.« (Luhmann 1988, 127)

Buchholz hat dazu folgende Erkenntnis gewonnen:

> »Mit ›Nichtanwesender‹ kann im sozialen System Hochschulsprechstunde der Student in der Rolle des Rezipienten verstanden werden, die er nach der Sprechstunde beim Nutzen der Informationen, die er gesammelt hat, einnimmt. Schrift als Ergebnis der Evolution von Sprache bricht also zeitliche Einschränkungen, die sich bei bloßer sprachlicher Interaktion ergäben. Schrift fügt sozialen Systemen die Möglichkeit zu, ihre Systemgrenzen durch die Möglichkeit von Vor- und Nachzeitigkeit zu erweitern. [...] Die Hochschulsprechstunde kommuniziert außerhalb ihrer institutionellen Grenze aber innerhalb ihrer Kommunikation. [...] Notizzettel ermöglichen also die Erweiterung der Systemgrenzen des sozialen Systems ›Hochschulsprechstunde‹, indem sie auf die zeitliche Dimension Einfluss nehmen.« (2009, 38f.)

Die Verknüpfung des für die Textsorte ›Notizzettel‹ für die Hochschulsprechstunde relevanten Mediums (Schrift) mit der Zeitdimension führt zu einer Erkenntnis, die die Rolle der Textsorte für ein selbstreflexives psychisches System im Organisationssystem der Universität erst deutlich werden lässt. Der Notizzettel steht den Studierenden / psychischen Systemen für weitere Reflexionen, die über die Sprechstunde hinausgehen, zur Verfügung.

Textsorten in der Kommunikationsstruktur des sozialen Systems

Über die bisher dargestellten sozialen Parameter ›System‹, ›Systemrationalität‹, ›soziale Rolle‹ und ›Medium‹ hinausgehend, kommen wir nun in einem nächsten Schritt auf die Verankerung von Textsorten in die kommunikativen Strukturen eines Systems und ihre Rolle bei der Herstellung von Beziehungen zu anderen Systemen, insbesondere zu Systemen in der Umwelt, zu sprechen. Dieser Parameter soll ›Textsorten in der Kommunikationsstruktur des sozialen Systems‹ genannt werden. Er wird mit der Frage verbunden, worauf die jeweilige Selektion von Information, Mitteilung und Verstehen, die mit einer Textsorte geleistet wird, zielt. Dabei geht es um einen Parameter, der sehr nahe an die Textsortenfunktionen auf ihren unterschiedlichen Ebenen heranreicht (vgl. Kapitel 5).

Bereits in Gansel / Jürgens (2007, 74ff.) ist auf die Differenzierung von Textsorten im engeren Sinne und Textsorten im weiteren Sinne in Beiträgen zur Textlinguistik (s. Brinker u.a. 2000a) hingewiesen worden. Textsorten im engeren Sinne sind als Kerntextsorten des Kommunikationssystems eines sozialen Systems interpretiert worden.

Definition

Wir sprechen von *Kerntextsorten*, wenn es um Textsorten geht, die offensichtlich in einem spezifischen kontextuellen Rahmen fungieren, der systemtheoretisch als Interaktion, Organisation oder funktional ausdifferenziertes gesellschaftliches Teilsystem beschrieben wird. Kerntextsorten sind konstitutiv für das Kommunikationssystem derartiger sozialer Systeme. In Kerntextsorten wird auf der Grundlage der Sinnverarbeitungsregeln eines sozialen Systems kommuniziert, um das System zu konstituieren. D.h., in der Kommunikation müssen das jeweilige Erfolgsmedium des Systems und der Code mitgeführt werden. Sie müssen erkennbar sein. In Kerntextsorten werden die spezifischen Elemente des eigenen Systems immer wieder gekoppelt (System-zu-sich-selbst-Beziehung). Solche Textsorten wären beispielsweise für das Recht – ›Gesetz‹, ‹Gerichtsurteil‹; für das System der Massenmedien / des Journalismus – ›Bericht‹, ›Kommentar‹ oder ›Reportage‹; für die Religion – ›Predigt‹. In Kerntextsorten werden die spezifischen Elemente des eigenen Systems reproduziert. Sie dienen der Autopoiesis (der Selbstreflexion und Selbstreproduktion) des Systems.

Gerade in historischer Sicht sind Kerntextsorten solche, die als Struktur ein soziales System mittragen. Man könnte wohl auch sagen, dass in ihnen Sinnverarbeitungsregeln eines sozialen Systems ausgehandelt und verfestigt werden. Eine derartige Kerntextsorte bildet im Kommunikationssystem der Wissenschaft der wissenschaftliche Aufsatz. Aus systemtheoretischer Perspektive hat sich Stichweh (u.a. 1996) in mehreren Publikationen mit dem Wissenschaftssystem der modernen Gesellschaft auseinandergesetzt. In Anwendung der Mechanismen der **Evolution ›Variation‹**, **›Selektion‹**, **›(Re)Stabilisierung‹** (vgl. Luhmann 1998, 454) sieht er entscheidende Schritte für die Ausdifferenzierung des modernen Wissenschaftssystems an der Wende des 18. zum 19. Jahrhundert. Die Herausbildung des Wissenschaftssystems ist »begleitet von neu formulierten und effektiv institutionalisierten Variations- und Selektionsmechanismen« (Stichweh 1996, 77). Dazu gehören die Folgenden:

1) Der *Drang nach Neuheit* wird zur Normalität. Dies wäre eine *Variation* zu bis dahin vorliegenden Wissenszusammenstellungen.
2) Eine wichtige Erfindung im Prozess der Herausbildung des Wissenschaftssystems im frühen 19. Jahrhundert ist der »*wissenschaftliche(r) Aufsatz*« als eine »kurze, thematisch scharf fokussierte wissenschaftliche Kommunikation« (Stichweh 1996, 77). Die sich entwickelnde Textsorte bildet eine *Struktur-Selektion.*
3) In ihr erfährt bekanntes Wissen im *Akt der Reproduktion Variation,* »die eine Neuheit kommuniziert und vom mitkommunizierten Kontext des Wissens her diese Neuheit als Neuheit erkennbar werden lässt« (Stichweh 1996, 77). In der wissenschaftlichen Kommunikation richtet sich die normative Erwartung auf Neues. So wird also die »Abweichung im Akt der Reproduktion zur Normalerwartung in der Wissenschaft« (Stichweh 1996, 77) und der wissenschaftlichen Publikation.
4) Als weiteren internen Selektor nennt Stichweh die »Durchsetzung von Problemorientierung« in je unterschiedlichen »disziplinären Milieus« (1996, 78).
5) Mit der Stabilisierung wissenschaftlicher Disziplinen setzt ein weiterer Variationsmechanismus ein, die Interdisziplinarität. Sie erlaubt es, »das Wissen aus verschiedenen Disziplinen und Subdisziplinen in einer Weise zu kombinieren, die dann radikale Innovation ermöglicht« (1996, 85). In diesem Sinne kann die Verbindung von Systemtheorie und Textsortenlinguistik gesehen werden, aus der begriffliche Schärfung in Hinblick auf textsortenlinguistische Termini und Erkenntniszuwachs in Hinblick auf das Wesen von Textsorten erwartet wird.

Die Verweise von Busse (2000, 662) oder M. Heinemann (2000, 610) auf Textsorten im weiteren Sinne oder auch der von Hundt für den Bereich Wirtschaft und Handel eingeführte Begriff der »vermittlungssprachliche(n) Textsorten« (2000, 654) lassen sich ebenfalls systemtheoretisch interpretieren bzw. reformulieren. Die Einordnung in »im weiteren Sinne« bietet eine Orientierung auf die systemtheoretischen Begriffe »Anschlusskommunikation« und »strukturelle Kopplung«. Die Systemtheorie geht davon aus, dass soziale Systeme immer anschlussfähig operieren müssen, das bedeutet, dass soziale Systeme aufhören müssten zu existieren, wenn sie nicht kommunizieren. Kommunikation hat weitere Kommunikation zur Folge, sie läuft und läuft (vgl. Berghaus 2003, 97). Luhmann formuliert dies wie folgt:

> »Als Einzelereignis kann sie [Kommunikation] nicht vorkommen. Jede Kommunikation setzt andere Operationen gleichen Typs voraus, auf die sie reagieren und die sie stimulieren kann. Ohne rekursive Bezugnahmen dieser Art fände sie überhaupt keinen Anlaß, sich zu ereignen.« (1998, 190)

Bezogen auf spezielle Textsorten bedeutet dies beispielsweise, dass einem Bericht ein Kommentar folgt oder auch einem Bericht oder einer Reportage ein Leserbrief in der massenmedialen Kommunikation. Als Folge der generellen Notwendigkeit der Anschlusskommunikation bilden sich gerade in Organisationen oder Institutionen feste konventionalisierte Folgen von Textsorten heraus, die »verfahrensmäßig geregelt(en)« (Klein 1991, 251) realisiert werden. Für die universitäre Kommunikation wäre das beispielsweise eine solche Kette: Beantragung eines Themas für eine Abschlussarbeit – Genehmigung des Themas – Benachrichtigung des Betreuers über Genehmigung des Themas durch den Prüfungsausschuss – Wissenschaftliche Abschlussarbeit – Gutachten.

Die genannten Textsorten sind typisch. Sie sorgen zwischen dem Prüfungsamt einer Hochschule, den Studierenden und den Lehrenden für Abstimmungen, Übereinkünfte und Verbindlichkeiten. Letztlich sind derartige Textsorten erforderlich, um Beziehungen zwischen den genannten Akteuren und dem Prüfungsamt als Subsystem der Universität herzustellen. »Wenn ein System in Subsysteme differenziert ist, müssen zugleich integrierende Mechanismen identifizierbar sein, die verhindern, dass das System zerfällt.« (Schneider 2002, 352) Derartige Beziehungen zwischen Lehre und Prüfungsamt werden durch zahlreiche Textsorten operativ gestützt.

Luhmann hat den Begriff ›Anschlusskommunikation‹ allgemeiner genutzt, und zwar im Sinne einer generellen Notwendigkeit des Aneinanderanschließens von Kommunikation. Wir nutzen den Begriff in einem spezielleren Sinne, mit dem wir die in Institutionen geregelten und konventionalisierten Anschlusskommunikationen in Textsorten erfassen möchten. In Hinblick auf die Fragen, die wir in Bezug auf Textsorten gestellt haben, sind die kommunikativen Strukturen interessant, die aufgrund der konventionalisierten und institutionell geregelten Anschlusskommunikationen in Textsorten münden und gefestigt werden.

Definition

Als Textsorten der konventionalisierten, institutionell geregelten Anschlusskommunikation bezeichnen wir Textsorten, die die Reaktion auf das Kommunikationsangebot des eigenen Systems bedeuten und diese erfordern (Beziehungen zwischen Subsystemen). Selbstverständlich führen auch diese Textsorten die Sinnverarbeitungsregeln des Systems jeweils mit.

Interessant für die Erschließung von Textsorten als Strukturen der Kommunikation eines sozialen Systems ist nun der Begriff ›strukturelle Kopplung‹. Der komplizierte und hochkomplexe Begriff bildet eine »Beobachtungsfigur«, und als solche soll er für unsere Zwecke verstanden werden, als Lupe etwa, mit der wir danach suchen, wie soziale Systeme mit eigenen Kommunikationen auf ihre Umwelt Bezug nehmen. Es geht bei diesem Begriff letztlich um Beziehungen zwischen Systemen.

Ausgangspunkt dafür ist die systemtheoretische Erkenntnis, dass soziale und psychische Systeme geschlossen – in den eigenen Strukturen – operieren. Sie sind operativ geschlossen, aber dennoch umweltoffen. Systeme sind mit der Umwelt durch Irritationen und Einflussmöglichkeiten verbunden, dauerhafte Beziehungen zwischen sozialen Systemen bezeichnet Luhmann als »strukturelle Kopplungen« (1998, 117ff.).

Strukturelle Kopplungen zur Umwelt werden als Ergebnis und Folge der Autopoiesis gesehen. »So kann autopoietische Schließung nicht entstehen, ohne dass sich das Umweltverhältnis in strukturelle Kopplungen umformt, die bestimmte Abhängigkeiten steigern und andere wirksam ausschließen.« (Luhmann 1998, 779)

Um es einfacher zu sagen, es geht immer darum, was aus der Umwelt (Kopplung durch Wahrnehmung oder Beziehung zu X) für psychische oder soziale Systeme relevant sein kann und sich in eigene Strukturen (strukturell) umbauen lässt. Hergestellte Beziehungen zur Umwelt zeigen sich in einer Struktur. Da Textsorten gerade in diesem Kapitel als Strukturen von Kommunikation bearbeitet wurden, müssten sich die von Luhmann erdachten Kopplungen auch in diesen Strukturen, also in Textsorten, zeigen. Jedenfalls geht er davon aus, dass strukturelle Kopplungen »alle möglichen Formen annehmen, solange sie mit der Autopoiesis des Systems kompatibel sind« (2004b, 120).

Einige Beobachtungen in der Figur der Kopplung sollen sich anschließen, um auf mögliche Formen struktureller Kopplung aufmerksam zu machen. Die hier herausgestellten Möglichkeiten stellen Anregungen dar, jedoch kein geschlossenes System:

Massenmedien sind an das Wirtschaftssystem oder das politische System oder das Kunstsystem über *Themen* gekoppelt. Massenmedien haben kein spezifisches Thema. Über die ausgewählten Themen erreichen sie alle Gesellschaftsbereiche und alle Gesellschaftsbereiche werden auf sie aufmerksam.

Busses (2000, 662) *Textsorten rechtsdurchwirkter Bereiche* können im Sinne struktureller Kopplungen interpretiert werden, weil sie Ausdruck fester Beziehungen zwischen Teilsystemen sind. Als Beispiel seien *Studi-*

en- und *Prüfungsordnungen* benannt, die für Studierende wie Lehrende Rechtssicherheit herstellen.

Als Beispiele struktureller Kopplungen zwischen Funktionssystemen der modernen, ausdifferenzierten Gesellschaft nennt Luhmann u.a. die folgenden:

- *Verfassung* koppelt Recht und Politik
- Eigentum / *Vertrag* koppeln Wirtschaft und Recht
- *Zeugnisse* koppeln Erziehung und Wirtschaft. (Vgl. Luhmann 1998, 781ff.)

Hierbei ist für unsere Zusammenhänge bemerkenswert, dass doch zumeist jeweils eine Textsorte (Zeugnis, Vertrag, Verfassung), also schriftliche Fixierungen für die Verbindung und somit für das Fortbestehen der beteiligten Systeme sorgt, ohne jedoch in die Operationen des jeweils anderen Systems einzugreifen.

Bleiben wir bei den Kopplungsmöglichkeiten zwischen Erziehung und Wirtschaft:

Zeugnisse und Zertifikate werden vom Erziehungssystem vergeben und bilden die Grundlage für den Eintritt in das Wirtschaftssystem.

Angezeigt wird diese Kopplung in Stellenangeboten, mit denen qualifizierte Arbeitskräfte rekrutiert werden sollen. Ziel ist es letztlich, eine Person zu finden, die sich in das jeweilige Unternehmen, die Institution integrieren lässt. Im Prinzip ist der Status ›Mitglied‹ zu vergeben, zeitlich begrenzt oder auch nicht. Im Stellenangebot wird die Kopplung auf spezifische Art und Weise sprachlich operativ gestützt, also in eine Struktur gebracht. Es ist Konvention, auf die Kopplung zwischen Erziehungssystem und Wirtschaft über die Benennung von geforderten Zertifikaten zu verweisen.

So haben Stellenangebote der Gegenwart im Textkern einen Teiltext entwickelt, der mit »Sie sind« oder »Ihre Qualifikationen / Ihr Profil« oder »Anforderungsprofil« im Fettdruck ausgewiesen ist und dann das Anforderungsprofil mit Angaben über die fachliche Qualifikation, persönliche Eigenschaften, besondere Fähigkeiten und Kenntnisse, Ausbildung und Vorbildung, Berufserfahrung und Alter des/der gesuchten Mitarbeiters/in beschreibt:

Beispiele

»[...] Sie sind Diplom-Wirtschafts-Informatiker o.ä. mit mehrjähriger Praxis und Führungserfahrung im IT-Management eines produzierenden Unternehmens. Fundierte Kenntnisse von ERP-Systemen und Datenbanken setzen wir voraus.« (SZ, 2./3. Februar 2008, 21)

»[...] Abgeschlossene Hochschulausbildung (Rechtswissenschaften oder Betriebswirtschaftslehre), umfassende Fachkenntnisse auf dem Gebiet des Liegenschaftsrechts [...]« (SZ, 2./3. Februar 2008, 21)

In weiteren Beispielen ließe sich der konkrete Verweis auf Zertifikate zeigen – *Ingenieur (Bachelor, Master), Promotion, staatlich geprüfter Techniker* usw.

Strukturelle Kopplungen können in Textsorten deklariert werden, wie es z.B. für die Verfassung schon angedeutet wurde. Mit den Zertifikaten in Stellenangeboten wird auf Voraussetzungen für feste strukturelle Kopplungen (oder auch Inklusion von Personen) orientiert.

Textsorten können Kopplungen aber auch anregen oder anbahnen, wie dies in *Einladungen*, z.B. auf *Flyern*, erfolgt. Unschwer ist das soziale System erkennbar, von dem die Einladung zu einer Veranstaltung ausgeht. Themen und Lexik verweisen auf das jeweilige System. Um sich mit einer angebotenen Leistung zu reproduzieren, müssen Leistungsnutzer angesprochen und möglichst in eine Veranstaltung integriert bzw. inkludiert werden (Ringvorlesungen, Gottesdienst, Literarische Lesung, Konzert usw.) Wenn der Vortrag einer fachlichen Kapazität zu einem bestimmten Thema keine Zuhörer findet, wurden möglicherweise in zu geringem Maße Textsorten zur Anbahnung struktureller Kopplung öffentlich gemacht (Plakate, E-Mails, Pressemitteilung usw.). Die Furcht vor leeren Sälen (Irritation) führt zur Produktion derartiger Textsorten.

Es verwundert nicht, dass die gesellschaftliche Kommunikation ein spezifisches System wie die *Public Relations* (PR) ausgebildet hat. PR bildet ein System zur strukturellen Kopplung und damit eine weitere Strukturbildung oder Strukturselektion. Diese wird von unterschiedlichen Muttersystemen benutzt, um mit der Gesellschaft, mit der Systemumwelt zu kommunizieren. Christoph definiert PR wie folgt:

> »PR bezeichnet die Kommunikationshandlungen einer Organisation mit ihrer Umwelt. Sie ist interessengesteuert und dient der strukturellen Kopplung des Muttersystems mit relevanten Umweltsystemen, insbesondere mit dem Journalismus. PR unterstützt die Funktion des Muttersystems, indem sie diese gegenüber den relevanten Umwelten legitimiert.« (2009, 82)

PR kann also als Subsystem eines Muttersystems aufgefasst werden. (vgl. auch Hoffjann 2007, 130) Als Kerntextsorten der PR ermittelt Christoph (2009) Presseverteiler, Pressemitteilung und Pressespiegel. Diese Textsorten bilden die »Mindestvoraussetzung« (Christoph 2009, 82) für das »Betreiben von PR«. Aus der Spezifik des Systems resultiert nun jedoch, dass die Kerntextsorte ›Pressemitteilung‹ gleichzeitig auch eine Textsorte der strukturellen Kopplung ist. Sie wurde in der gesellschaftlichen Kommunikation eigens dazu eingerichtet, die Kommunikation zwischen dem Muttersystem der jeweiligen PR und dem Journalismus zu erleichtern. Die Textsorte ›Pressemitteilung‹ bildet somit wiederum eine Struktur-Selektion (vgl. den wissenschaftlichen Aufsatz als eine solche für die Herausbildung des Systems ›Wissenschaft›). Sie ist grundlegend für das Funktionieren von PR und die Bildung von PR-Subsystemen bei einem Muttersystem. Sie resultiert letztlich aus den Schwierigkeiten, die soziale Systeme dabei haben, »ihre Themen den Massenmedien anzubieten und die sachgemäße Aufnahme des Themas zu erreichen« (Luhmann 2004a, 22).

PR-Ordnungen oder Presseabteilungen gibt es als Subsysteme bei verschiedenen sozialen Systemen – als Ordnung / Subsystem von Unternehmen, Universitäten, von Institutionen des Sports oder des Rechts. Pressemitteilungen bilden von daher eine Textsorte im Kommunikationsprozess zwischen dem Muttersystem und dem Journalismus und weisen Merkmale der Kommunikation beider Systeme auf.

> »Somit gibt das System Journalismus für die Textsorte ›Pressemitteilung‹ die Informationsfunktion, den Nachrichtenwert, die deskriptive Themenentfaltung, den Aufbau und die journalistischen Standards vor. Das System Wirtschaft realisiert seine Funktion textintern in der Appellfunktion, den werblichen Themen, der argumentativen Struktur und dem werblichen Wortschatz.« (Christoph 2009, 237)

Beide Seiten – also die zu koppelnden Seiten – fließen in der Pressemitteilung zusammen. Zum einen möchte ein Unternehmen die Pressemitteilung nutzen, sich selbst in einem sehr positiven Licht darzustellen. Denn letztlich möchte es seine Produkte verkaufen und orientiert sich an zu erwartenden Zahlungen für angepriesene Produkte. Für eine positive Darstellung und Selbstbeobachtung wird jede mögliche Chance genutzt.

Zur positiven Selbstbeobachtung werden in Pressemitteilungen »Hochwertwörter geradezu inflationär eingesetzt« (Christoph 2009, 130ff.), z.B. *führend, innovativ, Vorzeige-Projekt, wachsen, erneut gesteigert, global, erfahren, Spezialist.*

Zum anderen soll die Pressemitteilung von den Medien aufgegriffen und möglichst publiziert werden. Deshalb orientieren sich die Schreiberinnen und Schreiber von Pressemitteilungen an journalistischen Standards.

Zu derartigen Standards gehört beispielsweise der Verweis auf eine Person.

Beispiele

»Die Anstrengung der Bundesregierung nannte der Wirtschaftsweise Prof. Dr. Dr. h. c. Bert Rürup (Technische Universität Darmstadt) bemerkenswert.« (Christoph 2009, 124)

»Peter Rule, früherer President, CEO und Chairman von Percuseurge Inc., fungiert als Chairman und vorübergehender CEO von EKOS. Mitbegründer Doug Hansman ist General Manager. Die starke Produkt-Pipeline wird durch ein erfahrenes Management-Team aus führenden Experten auf dem Gebiet der Mikrokatheder vorangetrieben werden.« (Christoph 2009, 124)

Zu erkennen ist in den Beispielen die positive Darstellung der Personen durch ihre akademischen Titel, was in der Pressesprache nicht angegeben wird. Zu den journalistischen Standards gehört es weiterhin, Kurzwörter zu vermeiden oder sie doch zumindest zu erklären. In dem Auszug aus einer Pressemitteilung im Beispiel (oben) häufen sich Kurzwörter, die im System der Wirtschaft womöglich bekannt sind und positiv konnotiert werden.

Ähnliches, aber auch Unterschiede stellt Schweinfurth (2009) in seiner Untersuchung von Pressemitteilungen des Systems ›Sport‹ fest. Er belegt damit wie auch Christoph (2009), dass Pressemitteilungen die Sinnverarbeitungsregeln des Muttersystems mittragen. Der Code des Systems ›Sport‹ (Sieg / Niederlage) schlägt sich in der Auswahl der Textthemen und in der Sprache nieder, allerdings wird mit der Aktualität der Themen dem journalistischen System Rechnung getragen, auch mit einer klaren Syntax. Die Werblichkeit hingegen spielt in den Pressemitteilungen des Sports nicht die Rolle wie in den Pressemitteilungen der Wirtschaft. So dominieren in dem folgenden Ausschnitt einfache Sätze, die Lexeme *Partie*, *Vorrunde*, *Auftaktmatch*, *für sich entscheiden*, *Spiel gegen*, *Mannschaft* oder das Ergebnis *2:1* sind kennzeichnend für die Sportsprache und den Code des Systems, der sich in seiner Kommunikation zeigt.

Beispiele

»Im Anschluss an die Partie gegen Finnland trifft Spanien im anderen Spiel der Vorrundengruppe B in Göteborg auf die Engländer, die ihr Auftaktmatch mit 2:1 gegen Finnland für sich entscheiden konnten. Das letzte Gruppenspiel der Deutschen gegen die Briten findet am kommendem Montag, 22.06. (20.45 Uhr live im ZDF), ebenfalls in Halmstadt statt. Die Deutsche U 21 reist nach der Partie gegen die Finnen dennoch wieder zurück ins Mannschaftsquartier nach Lerum bei Göteborg.« (Schweinfurth 2009, 73)

In der folgenden Tabelle werden die wesentlichen Merkmale von Pressemitteilungen der Wirtschaft und des Sports mit denen des Journalismus bezogen auf wesentliche Dimensionen zur Beschreibung von Textsorten zusammengefasst. Auf dieser Basis könnten Vergleiche mit Pressemitteilungen anderer sozialer Systeme angestellt werden.

Code *Dimension*	*PM Wirtschaft zahlen / nicht zahlen*	*Journalismus aktuell / nicht aktuell*	*PM Sport Sieg / Niederlage*
Textfunktion	Appell	Information	Information / Appell
Thematizität:			
Thema	werbliche Themen	Nachrichtenwert, z.B. Aktualität	Informative Themen des Sports, politische, wenige werbliche Themen
Vertextungsstrategie	argumentativ	deskriptiv	argumentativ-deskriptiv
Sprachliche Gestalt	werblicher Wortschatz, z.B. Hochwertwörter	Journalistische Standards der Verständlichkeit	Sportsprache, wenige Hochwertwörter

Tab. 9: Pressemitteilungen im Vergleich (vgl. Christoph 2009; Schweinfurth 2009)

Definition

Als *Textsorten der strukturellen Kopplung* sollen diejenigen bezeichnet werden, die zur Kommunikation im Rahmen von Beziehungen zwischen Systemen dienen (z.B. zwischen Funktionssystemen – Verfassung, zwischen Interaktionssystem, z.B. Familie, und der Institution Schule – Einladung zum Elternsprechtag, zwischen Organisationssystem und psychischem System – Einladungen auf Flyern). Und auch in diesen Textsorten werden sich Merkmale des Systems niederschlagen.

Ausgehend von dem Parameter ›soziales System‹ kann man Textsorten in drei Richtungen beobachten und in den Kommunikationsstrukturen des Systems verorten: als Kerntextsorten, die das Kommunikationssystem mitkonstituieren, als Textsorten der Anschlusskommunikation an Subsysteme eines sozialen Systems und als Textsorten struktureller Kopplung, die Kommunikationsstrukturen zwischen Systemen aufzeigen. Die Systemrationalität der funktional ausdifferenzierten Systeme einer Gesellschaft wird in den Textsorten jeweils erkennbar sein. In Bezug auf Kerntextsorten ist zu erwarten, dass sie jeweils nur einem spezifischen sozialen System zuzuordnen sind, weil sie der Selbstreflexivität und Selbstreproduktion eines speziellen Systems verpflichtet sind.

Kerntextsorten sind für das System spezifisch und nur in einem System vorkommend. Textsorten der Anschlusskommunikation wie Ordnungen werden von unterschiedlichen Systemen systemspezifisch genutzt und ausgestaltet. Textsorten struktureller Kopplung können spezifische sein oder von wohl allen Systemen mehr oder weniger umfangreich genutzt werden, um Beziehungen zu anderen psychischen und sozialen Systemen herzustellen.

Weiterführende Literatur

Christoph, Cathrin (2009): Textsorte Pressemitteilung. Zwischen Wirtschaft und Journalismus. Konstanz: UVK

Gansel, Christina / Jürgens, Frank (2009): Textlinguistik und Textgrammatik. 3. Aufl. Göttingen: Vandenhoeck & Ruprecht, 53ff.

Luhmann, Niklas (1998): Die Gesellschaft der Gesellschaft. 2 Bd. Frankfurt/M.: Suhrkamp (stw 1360), 92ff.

Luhmann, Niklas (2004b): Einführung in die Systemtheorie. 2. Aufl. Heidelberg: Carl Auer, 118ff.

Textinterne und textexterne Funktionen differenzieren

Die in der Textlinguistik und in der Systemtheorie verwendeten Funktionsbegriffe können nicht einfach gleichgesetzt und müssen deshalb zunächst voneinander unterschieden werden. Die Unterscheidung der Funktionsbegriffe soll im Folgenden in drei Schritten geleistet werden:

a) *In einem ersten Schritt wird gefragt, welche Art von Funktionalismus hinter den Funktionsbegriffen steht.*
b) *Es muss gezeigt werden, dass ein Funktionsbegriff, wie er in der Textlinguistik erforderlich ist, mehrere Bezugspunkte hat. Dabei sind wiederum die Unterscheidungen von System / Umwelt und Kommunikation / Handlung heranzuziehen.*
c) *In einem dritten Schritt soll als Lösung des Problems der Vermischung von kommunikativer Funktion und Textfunktion die Unterscheidung von textinterner Funktion (Textfunktion) und textexternen Funktionen (Bereichsfunktion und Bewirkungsfunktion) an einem Beispiel entwickelt werden.*

Funktionsbegriffe und Funktionalismus

Zunächst soll der gängigste Funktionsbegriff in der Textlinguistik vermittelt werden. Dabei kann an das prominente Modell von Brinker (2010) angeschlossen werden. Die Textlinguistik geht allgemein von Funktion als Aufgabe eines Phänomens für ein Ganzes aus (z.B. die Funktion des Herzens für den menschlichen Organismus, die Funktion einer Person). Funktion wird als »Sinn, den ein Text im Rahmen einer Kommunikationssituation erhält, bzw. als der Zweck, den ein Text im Rahmen einer Kommunikationssituation erfüllt« (Brinker 2010, 78) bestimmt. Texte haben also Funktion im Ganzen einer Kommunikationssituation. Ein Text kann eine oder auch mehr als eine »kommunikative Funktion« signalisieren, wie Brinker (2010, 78) an den Beispielen Kochrezept (appellative und informative Funktion) oder Nachrichtensendungen (Informations- und Unterhaltungsfunktion) verdeutlicht. Die »dominierende Kommunikationsfunktion« wird als »Textfunktion« (Brinker 2010, 79) bezeichnet, und damit wird deutlich, dass Kommunikationsfunktion und Textfunktion gleichgesetzt werden. Ob diese Gleichsetzung sinnvoll ist oder sie nicht doch zu Irritationen führt, soll im Folgenden überprüft werden.

Die bereits definierte Textfunktion erfährt ihre theoretische Fundierung in der Textlinguistik mit Rückgriff auf die Sprechakttheorie Austins und Searles und eine solche Fundierung hat sich in der Textlinguistik etabliert, wenn auch kritische Stimmen zu diesem Ansatz mehrfach zu vernehmen sind (z.B. Rolf 2000, Kron 2002). Zu bemerken ist, dass die Unterhaltungsfunktion nicht an die Sprechakttheorie anschließt.

Brinker geht davon aus, dass sich mit dem Hintergrund der pragmatischen Sprechakttheorie eine »handlungstheoretisch fundierte Definition der Textfunktion gewinnen« (2010, 79) lässt. Mit einem Text – so wird wiederum in der Diktion der traditionellen Textlinguistik formuliert – kann kommunikativ, d.h. mit Hilfe sprachlicher und nicht-sprachlicher Mittel gehandelt und dadurch zielgerichtet auf einen Rezipienten eingewirkt werden. Kron bezeichnet einen solchen Textbegriff als »subjektbezogen« (2002, 43ff.). Im Sinne der Sprechakttheorie werden sprachliche Handlungen (Illokutionen – einen Rat geben, eine Frage stellen, die Ankunft ankündigen, eine Behauptung aufstellen) als intentional und konventionell bestimmt. Das heißt, sprachliche Handlungen werden mit einer bestimmten Absicht verbunden und können von den Kommunizierenden in bestimmten Situationen erwartet und angewendet werden. Eine sprachliche Äußerung oder eine Mitteilungshandlung (z.B. ein Satz »Gib mir doch bitte das Salz.«) besteht aus den Teilakten Äußerungsakt, illokutiver Akt, propositionaler Akt und perlokutionärer Akt. Der illokutive Akt wird durch bestimmte sprachliche Mittel angezeigt, indiziert (Illokutionsindikatoren).

Teilakte eines Sprechaktes	*»Gib mir bitte das Salz.«*
Illokutiver Akt	Bitte, angezeigt durch den Imperativ und »bitte«
Propositionaler Akt	Dreiwertiges Verb »geben« – Wer, wem, was?
Perlokutionärer Akt	Es wird eine entsprechende Reaktion erwartet.

Tab. 10: Teilakte eines Sprechaktes

In Anlehnung an den illokutiven Akt wird nun die Textfunktion definiert. Auch Texte, die aus weit mehr als einem Satz bestehen, werden als sprachliche Handlungen bestimmt, und zwar als komplexe sprachliche Handlungen (Mitteilungshandlungen). Mit sprechakttheoretischer Fundierung definiert Brinker die Textfunktion als

> »die im Text mit bestimmten, konventionell geltenden, d.h. in der Kommunikationsgemeinschaft verbindlich festgelegten Mitteln ausgedrückte **Kommunikationsabsicht** des Emittenten. Es handelt sich also um die Absicht des Emittenten, die der Rezipient erkennen soll, sozusagen um die Anweisung (Instruktion) des Emittenten an den Rezipienten, als was dieser den Text insgesamt auffassen soll, z.B. als informativen oder als appellativen Text.« (Brinker 2010, 88; Hervorhebung im Original)

Brinkers Vorgehensweise ist als »holistisch« (Rolf 2000, 423f.) einzuordnen, denn es wird, wie bereits erwähnt, von einer dominanten Textfunktion ausgegangen. »Analytische« (Rolf 2000, 423f.) Vorgehensweisen in der Bestimmung von Textfunktionen leiten aus der Hierarchie von Illokutionen in einem Text die Textfunktion ab (z.B. Motsch 1996).

Die **Dominanz** einer Textfunktion begründet Brinker auf der Grundlage von Illokutionsindikatoren. Textfunktionen werden danach wie auch die Sprechhandlungen durch »innertextliche (vor allem sprachliche) und außertextliche (kontextuelle) Mittel« (Brinker 2010, 91) angezeigt. Dabei werden drei Typen von *Indikatoren der Textfunktion* unterschieden:

1. Indikatoren, die den »intendierten kommunikativen Kontakt« zum Rezipienten – im Sinne eines Sender-Empfänger-Modells der Kommunikation – anzeigen (sprachliche Formen und Strukturen, z.B. performative Formeln: »Sei gegrüßt!« – Kontakt; Imperative: »Gib mir«, »Nutzen Sie« – Appell usw.).
2. Indikatoren, die die Einstellung zum Textinhalt, zum Textthema verdeutlichen (sprachliche Formen und Strukturen, mit denen der Emittent sich zur Wahrheit oder Wahrscheinlichkeit des Textinhalts äußert), z.B. drücken Verben wie *glauben* oder *wissen* oder Modalwörter wie *offensichtlich*, *wahrscheinlich* den Grad der Gewissheit aus, mit dem sich ein Schreiber / eine Schreiberin über den Textinhalt äußert. Weiterhin kann eine positive oder negative Bewertung des Textinhalts signalisiert werden (z.B. *etwas gut* oder *schlecht finden*).
3. Kontextuelle Indikatoren wie der situative, institutionelle Rahmen, der gesellschaftliche Handlungsbereich, in dem der Text verankert ist.

Nach Brinker (2010, 93) sind nun jedoch die kontextuellen Indikatoren entscheidend für die letztendliche Bestimmung der tatsächlichen Textfunktion, denn sprachliche Indikatoren können als unzureichend oder unzuverlässig gelten.

Eine genaue Kontextanalyse wird von daher beispielsweise erforderlich, um die Funktion von Hausarbeiten oder Aufsätzen, wie sie an Universitäten oder Schulen geschrieben werden, zu erschließen. In der Tat lassen sich aus der sprachlichen Gestalt derartiger Texte keine klaren Ableitungen für eine Textfunktion treffen. Nehmen wir den Kontext zur Kenntnis, in dem die Texte entstehen, zeigt sich, dass sie innerhalb des Erziehungssystems dem Erwerb von Zertifikaten dienen. An der Universität sollen Hausarbeiten und Abschlussarbeiten zudem zeigen, dass die Schreibenden sich auf dem Weg von Laien zu Experten befinden, die mit ihrem Wissen mündig umzugehen verstehen, Probleme entdecken, Methoden zu deren theoretischer und empirischer Bearbeitung entwickeln und einen Mehrwert an Erkenntnis für sich und die Wissenschaft gewinnen können. Damit unterwerfen sich Studierende wie Schülerinnen und Schüler gezwungenermaßen den Kommunikationsprinzipien, also Sinnverarbeitungsregeln, des Erziehungssystems. Die von ihnen produzierten Texte haben wohl eine »instrumentelle Funktion«, wie Adamzik (2004, 112) es formuliert, sie sind jedoch mitnichten »nicht-kommunikativ«. Sie erweisen sich selbstverständlich als kommunikativ im Sinne des Systems, in dem sie produziert werden. Sie sind orientiert auf die Funktion des Erziehungssystems auf Karrieren vorzubereiten und auf Grund von Zertifikaten für Karrieren selektiert zu werden. Um zu zeigen, dass Textsorten wie der Schulaufsatz oder Hausarbeiten an der Universität kommunikativ sind, müssen wir uns allerdings von einem Sender-Empfänger-Modell der Kommunikation abwenden und den systemtheoretischen Kommunikationsbegriff der dreifachen Selektion von Information, Mitteilung und Verstehen im Blick behalten.

Kommen wir zu einem Fazit:
Wie schon im Kapitel 2 aufgezeigt, wiederholen sich die textlinguistischen Probleme, die sich von einer *Nicht-Differenzierung von Kommunikation und Handlung* her auftun. Um es anhand der vorher genutzten Beispiele noch einmal zu illustrieren: Mitglieder der Universität beobachten sehr wohl, wie mit einem Textexemplar der Textsorte ›Hausarbeit‹ *gehandelt* wird. Dies wird als zeitlich fixiertes Ereignis bewusst erlebt. Letztlich wollen Studierende Dozentinnen und Dozenten von ihren Kompetenzen überzeugen (Mitteilungshandlung), einen argumentativ klaren wissenschaftlichen Text zu verfassen, der nicht nur auf Bekanntem aufbaut, sondern (sicher eher zum Ende des Studiums hin) Neues zu einem wissenschaftlichen Problem hinzufügt. Dies ließe sich sodann ebenfalls an sprachlichen Indikatoren (sprachlichen Formen und Struk-

turen) in den Texten nachweisen: Termini, wissenschaftlicher Stil, argumentative Vertextungsstrategie, komplexer Satzbau oder eine nicht-ich-zentrierte Schreibweise. Oder anders – die Gestalt der Texte wird an den Funktionen der Systeme Wissenschaft und Erziehung ausgerichtet.

Ein zweites Problem wird in den *Indikatoren der Textfunktion* deutlich, die **textinterne** und **textexterne** Phänomene vereinen. Zudem erweisen sich die bei Brinker (2010, 93) aufgeführten beobachtbaren externen kontextuellen Faktoren als noch sehr vage und unzureichend. Sie sind dazu geeignet, intentionale sprachliche und andere nicht-sprachliche soziale Handlungen zu beobachten – Partnerkonstellationen, situativer Rahmen, Institution usw. Die Bestimmung des Handlungsrahmens allein greift jedoch für eine Erschließung der kommunikativen Funktion einer Textsorte zu kurz. Um diese zu erfassen und effektiv für die Bestimmung von Funktionen von Texten einzusetzen, benötigen wir den systemtheoretischen Blick und d.h. die Beobachtung von Kommunikation als dreifache Selektion von Information, Mitteilung und Verstehen.

Zu fragen ist nun, welche Art von *Funktionalismus* dem umrissenen textlinguistischen Funktionsbegriff zugrunde liegt. Die Textlinguistik ist einem traditionellen, handlungstheoretischen Funktionalismus verpflichtet. Gefragt wird, welche Funktion einer bestimmten Struktur zukommt (*Strukturfunktionalismus*). Textfunktionen sind bisher dominant strukturfunktionalistisch ermittelt worden.

In der Systemtheorie Luhmanns erfolgt eine Umkehrung in »*Funktionsstrukturalismus*«, d.h., dass nicht die Struktur der Ausgangspunkt der Betrachtung ist, sondern die Funktion. Es ist bereits deutlich geworden, dass in modernen Gesellschaften gesellschaftlichen Teilbereichen bestimmte Funktionen unterstellt werden (Wirtschaft – Knappheitsminderung, Wissenschaft – Erzeugung neuen Wissens, Erziehung – Selektion für Karrieren). Prozesse und Strukturen (z.B. Textstrukturen) werden dann in Hinblick auf die Funktion des sozialen Systems untersucht, in denen sie als Kommunikationsstrukturen eine Rolle spielen. Textsorten stellen Strukturen dar, die sich als adäquat im Sinne der Funktion eines sozialen Systems erweisen. Die Funktion eines sozialen Systems besteht darin, für ein spezifisches Problem »funktional äquivalente Problemlösungen« (Krause 2005, 151) anzubieten. Auch Textsorten als Strukturen der Kommunikation müssten also in Hinblick auf die Funktion des Systems betrachtet werden. Auf diese Weise könnte es gelingen, den von Brinker aufgeführten kontextuellen Indikatoren als textexternen Faktoren für den Funktionsbegriff auf die Spur zu kommen. Dabei werden die Sinnverarbeitungsregeln des Systems stärker in den Blick geraten.

Funktionalismus	*Struktur-Funktions-Relation*
Strukturfunktionalismus (handlungstheoretisch, sprechakttheoretisch begründeter Funktionsbegriff in der Textlinguistik)	Struktur indiziert → Funktion
Funktionsstrukturalismus (soziologische Systemtheorie, soziale Systeme mit Funktion)	Funktion → funktional-äquivalente Problemlösungen → Prozesse und Strukturen (z.B. Textsorten) daraufhin ausgerichtet

Tab. 11: Funktionalismus

Bezugspunkte für einen textsortenlinguistischen Funktionsbegriff

Für den folgenden Abschnitt ist es wichtig festzustellen, dass in der Textlinguistik durchaus gesehen wird, dass der Funktionsbegriff uneinheitliche Parameter impliziert. Dies zeigt sich darin, dass in unterschiedlichen textsortenlinguistischen Modellierungen die Textfunktion / kommunikative Funktion einmal als textinternes Merkmal, dann als textexternes Merkmal oder auch als beides charakterisiert wird. Diese Unsicherheit gilt es aufzulösen und so soll im Folgenden herausgearbeitet werden, worauf der Begriff ›Funktion‹ im Zusammenhang mit Textsorten bezogen werden kann.

Zunächst können wir festhalten, dass die textinterne dominante Textfunktion, die durch sprachliche Indikatoren angezeigt wird, auf die Mitteilungshandlung bezogen werden kann. Ein Schreiber / eine Schreiberin setzt einen Text mit einer bestimmten Intention innerhalb einer sozialen Handlung gegenüber einem Rezipienten / einer Rezipientin ein. Um die Intention umsetzen zu können sind bestimmte Gestaltungsmerkmale ausgewählt worden, es hat im Hinblick auf die Textfunktion eine Indikatorenselektion stattgefunden:

System	*Text / Textsorte – Textfunktion*
Handlungssystem	Mitteilungshandlung: Appell, Information, Kontakt herstellen, Obligationshandlung, Deklarativhandlung in einer Situation, indirekt signalisiert durch den Kontext

Kommunika-tions-system	Mitteilungsselektion: direkte Signalisierung der Textfunktion durch sprachliche und thematische Indikatoren

Tab. 12: Handlungs- und Kommunikationssystem

Eine direkt durch sprachliche und indirekt durch kontextuelle Faktoren angezeigte interne *Textfunktion* sagt jedoch noch nichts darüber aus, welche Leistung eine Textsorte in Relation zu dem Kommunikationssystem erfüllt, in dem sie als Struktur verankert ist. Wie sind Textsorten also funktionsstrukturalistisch einzuordnen? Textsorten allein können die Funktion des Systems nicht realisieren, sie bilden jedoch Strukturen, die sich auf diese Funktion hin herausgebildet haben.

Wir kommen damit zu textexternen Funktionen, die der Beobachtung nicht so gut zugänglich sind wie die Mitteilungshandlung. Kommunikation im systemtheoretischen Sinne bedeutet die dreifache Selektion von Information, Mitteilung und Verstehen. Die Textfunktion wird gekennzeichnet in Relation zur Mitteilungsselektion und Mitteilungshandlung. Informationsselektion und Verstehensselektion gehen funktional über Textinternes hinaus. Bleiben wir also zunächst bei der Informationsselektion.

Um einen Bezug der Funktion von Textsorten zu Informationsselektionen herzustellen, soll der Begriff der *Bereichsfunktion* eingeführt werden. Bisher wurde der Begriff ›Bereichsfunktion‹ definiert als »Leistung [...] für ein System und dessen Interaktion mit anderen Systemen der Gesellschaft« (Gansel / Jürgens 2009, 81). Diese erste Annäherung soll nun vertieft werden. Worauf ist also diese textexterne Bereichsfunktion zu beziehen? In Texten konnte sie bisher nur als indirekt markiert identifiziert werden.

Zunächst kann davon ausgegangen werden, dass die Bereichsfunktion sehr eng im Zusammenhang mit der Verankerung der Textsorte in der Kommunikationsstruktur des Systems – also mit einem textexternen sozialen Parameter – wie dies im Kapitel 4 beschrieben wurde, in Verbindung steht. Die Bereichsfunktion einer Kerntextsorte betrifft Informationsselektionen, die für das eigene System relevant erscheinen. Textsorten struktureller Kopplung hingegen selektieren Informationen in Hinblick auf die Herstellung von Beziehungen zu anderen Systemen. Für Textsorten über das Wetter stellt Krycki fest: »Im Falle der Meteorologie sind die synoptische Übersicht und Wettervorhersage Kerntextsorten. Beide Textsorten stellen das im System der Wissenschaft erarbeitete neue Wissen zur Verfügung.« (2009, 77) Die in den synoptischen Übersichten zusammengestellten Informationen selektieren für systeminterne sich anschließende Operationen. Wettervorhersagen stellen Informationen für systemexterne Operationen bereit, z.B. für psychische Systeme, die sich aufgrund ihrer Unternehmungen auf das Wetter einstellen müssen und sich somit auf den Internetseiten des Deutschen Wetterdienstes entsprechend informieren.

Wetterberichte in den Massenmedien müssen Informationen so selektieren, dass sie der Funktion der Massenmedien, die Eckoldt als »Aktualitätsvorgabe« (2007, 202) beschreibt, gerecht werden. Niemand möchte heute das Wetter von gestern hören oder lesen, höchstens das von morgen und übermorgen, man erwartet also, orientiert zu werden. Eckoldt bezeichnet die Leistung der Massenmedien als »Ausbildung von Orientierungserwartungen« (2007, 202).

> »Wenn das System der Massenmedien die Aktualität vorgibt, so leitet sich daraus im kommunikativen Sinne die Leistung der Orientierung ab, während im intersystemischen Zusammenhang die anderen Systeme durch das mit allen anderen Systemen strukturell gekoppelte System der Massenmedien irritiert werden. So steckt das System der Massenmedien innerhalb des Gesellschaftssystems den Orientierungshorizont ab und legt fest, was an Orientierung erwartbar ist.« (Eckoldt 2007, 203)

Funktional textextern sind Wetterberichte eine auf die Realisierung der Funktion des Systems der Massenmedien hin spezialisierte Kerntextsorte wie gleichfalls Meldung oder Bericht, in denen Inhalte zunächst grundsätzlich nach Aktualität selektiert werden. Damit stehen diese Textsorten zugleich im Dienst der Leistung der Massenmedien, über die jeweiligen Informationsselektionen die Rezipientinnen und Rezipienten zu orientieren.

Es sollte deutlich geworden sein, dass mit der Bereichsfunktion anderes abgedeckt ist, als die kontextuellen Parameter (Kommunikationspartner, institutioneller Rahmen oder aktuelle Kommunikationssituation und Handlungsbereich) es implizieren.

Als eine weitere textexterne Funktion wollen wir die *Bewirkungsfunktion* (Kommunikationseffekt oder Perlokution) von der Textfunktion abgrenzen. Sie wird ausschließlich rezipientenorientiert gesehen. Welche eigentliche Wirkung Texte auf den Rezipienten haben und ob die Kommunikationsabsicht mit Hilfe eines Textes geglückt ist, kann mit Bestimmtheit sicher nicht so einfach festgelegt werden. Dennoch können Textwirkungen und Bewirkungsfunktionen »durchaus *konventionalisiert*« sein und »damit auf eine enge Beziehung zwischen Intentionen und Wirkungen hindeuten«. Für die Textsorte ›Pressehoroskop‹ werden drei konventionalisierte Bewirkungsfunktionen festgestellt – nämlich »Information, Ratschlag, Kontakt« (Furthmann 2006, 185). In systemtheoretischer Perspektive kann Kommunikation nur realisiert werden, wenn sie verstanden wird. Dass Pressehoroskope verstanden werden, zeigt sich zum Beispiel darin, dass über sie mit anderen kommuniziert wird. A: »Hast du heute dein Horoskop gelesen? Eigentlich kannst du dich ausruhen.« B: »Na ja, nicht wirklich, ich muss noch an einer Hausarbeit für Textlinguistik schreiben.« Das Verstehen von Horoskopen zeigt sich weiterhin auch darin, dass sie als Kerntextsorte mit Unterhaltungswert in Zeitungen und Zeitschriften erwartet und gewünscht werden, wie Furthmann (2006, 109ff.) auf der Grundlage von Rezipientenbefragungen herausgestellt hat. Gleichzeitig wird mit dem Rezipientenverhalten einsichtig, dass Information und Mitteilung unterschieden werden könnnen. Nicht die Sterne selbst sind interessant, sondern was man einer Rezipientin / einem Rezipienten über die Sterne und ihre vermeintliche Wirkung auf das psychische System mitteilt. Erst die Verstehensleistung der Rezipienten ermöglicht es dem System der Massenmedien sich zu reproduzieren.

Funktionsbegriffe für Textsorten	*Funktionalität*	*Selektionsbezug*
Textfunktion (textintern erschließbar)	strukturfunktional	Mitteilungsselektion Indikatoren für Textfunktion
Bereichsfunktion (textextern erschließbar)	funktionsstruktural	Informationsselektion im Hinblick auf Funktion und Leistung des Systems
Bewirkungsfunktion (textextern erschließbar)	funktionsstruktural	Verstehensselektion Ermöglichung von Anschlusskommunikation und Reproduktion des sozialen Systems, das Informations- und Mitteilungsselektion vollzogen hat

Tab. 13: Funktionen

Funktionen von Textsorten in Reisekatalogen

Im folgenden Abschnitt sollen die theoretisch eingeführten Funktionsbegriffe für Textsorten an einem Beispielbereich expliziert werden. Das System ›Tourismus‹ (vgl. Kaspar 1998, 16) kann zunächst als ein System in der inneren Umwelt des operativ geschlossenen und kognitiv offen arbeitenden wirtschaftlichen Systems ausgemacht werden. Das wirtschaftliche System der Gesellschaft »umfasst alle diejenigen Kommunikationen, die vermittels Geldzahlungen in der Form von Preisen erfolgen« (Krause 2005, 240f.). Es wird ermöglicht durch den Geldcode ›Zahlung / Nichtzahlung‹, seine Funktion ist die »Knappheitsminderung durch Knappheitssteigerung«, seine Leistung die Befriedigung von Bedürfnissen. Haushaltsbudgets sowie die Instrumente interner und externer Rechnungslegung der Unternehmen fungieren als Programme. Das nach denselben Modalitäten operierende System ›Tourismus‹ kann sich herausbilden, weil das Bedürfnis nach Reisen, nach Ortsveränderung zur Regeneration oder kulturellen und sozialen Wissenserweiterung vorhanden ist und aufgrund der positiven wirtschaftlichen Ausstattung der Bedürfnisträger Leistungen zur Bedürfnisbefriedigung bezahlt werden können.

Das System ›Tourismus‹ zeichnet sich wie jedes andere soziale System durch eine bestimmte Struktur aus, in der Elemente in Relation zu anderen Elementen stehen (s. Abb. 5). So bilden die Tourismussubjekte ein konstitutives Subsystem des Systems ›Tourismus‹. Tourismussubjekte sind in systemtheoretischem Sinne psychische Systeme, die zur Bedürfnisbefriedigung mittels Vertragsabschluss und Zahlung feste Beziehungen zu Tourismusobjekten, den institutionellen Subsystemen (Tourismusort, Tourismusbetriebe und Tourismus-Unternehmungen sowie Tourismusorganisationen) eingehen.

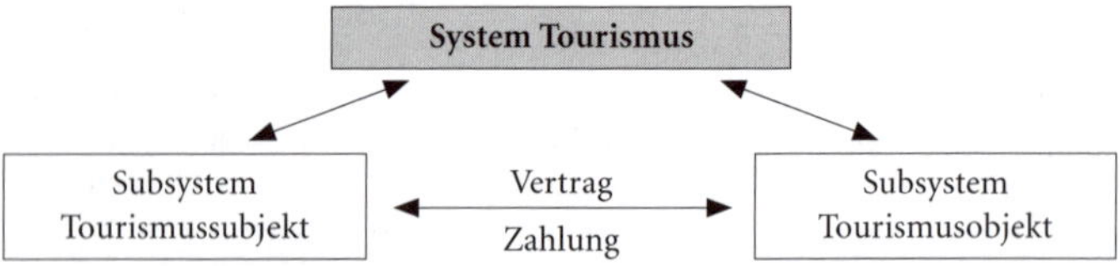

Abb. 5: Soziales System ›Tourismus‹ (vereinfacht nach Kaspar 1998, 16)

Gäbe es die beständige Reproduktion der Beziehung zwischen »Tourismussubjekt« und »Tourismusobjekt« nicht, so würde das soziale System ›Tourismus‹ nicht existieren. Die wechselseitigen Pfeile zwischen den konstitutiven Elementen »Tourismussubjekt« und »Tourismusobjekt« bedeuten also feste, »strukturelle Kopplungen«.

Der Begriff ›strukturelle Kopplung‹ soll im Folgenden im Sinne der Luhmann'schen Systemtheorie in gebotener Kürze etwas genauer erläutert werden, um dann die für die feste strukturelle Kopplung erforderlichen Implikationen im Hinblick auf Textsorten in Reisekatalogen abzuleiten. Bereits im Kapitel 4 ist die Beobachtungsfigur der strukturellen Kopplung in den Blick genommen worden und soll nun zur Erschließung der Bereichs- und Textfunktion wiederum herangezogen und weiter vertieft werden.

Als strukturelle Kopplungen werden in der Systemtheorie medial vermittelte Beziehungen zwischen autopoietischen Systemen gesehen. Hier interessieren die Beziehungen zwischen psychischen und sozialen Systemen, die für einander ihre Umwelt darstellen. Derartige Beziehungen liegen vor, »wenn ein System bestimmte Eigenarten seiner Umwelt dauerhaft voraussetzt und sich strukturell darauf verlässt« (Luhmann 1993, 441). Für das Tourismussystem bedeutet das: »Tourismusobjekte« (z.B. Tourismusunternehmen) rechnen mit den Bedürfnissen von »Tourismussubjekten«. Diese erwarten beständig touristische Angebote, die ihnen in Reisebüros oder im Internet präsentiert und offeriert werden.

Für die Kennzeichnung von System-zu-System-Beziehungen erfolgt weiterhin die Differenzierung von losen und festen Kopplungen. Lose Kopplungen entstehen, wenn zwei psychische Systeme in einem Interaktionssystem des Typs ›Gespräch‹ das Medium ›Sprache‹ verwenden (vgl. Krause 2005, 70ff.). Sprache erweist sich in einem solchen Interaktionssystem als flüchtig, wie hinlänglich bekannt ist. Und so bedeutet ein Gespräch im Reisebüro über eine Urlaubsreise noch keine Vereinbarung. Manifestierte Exemplare von Textsorten hingegen unterstützen festere Beziehungen und müssen beständig reproduziert werden. Dies erfolgt über auf Erwartungs-Erwartungen basierende standardisierte Textsorten.

Dabei können operative Kopplungen die strukturellen Kopplungen nicht ersetzen, sie setzen sie jedoch voraus (vgl. Krause 2005, 70ff.).

Textsorten spielen in der Herstellung medial vermittelter Beziehungen zwischen Systemen also eine herausragende operative Rolle. Bieten sie doch als Erwartungs-Erwartungen (Konventionen) die Grundlage für die Gestaltung einer Mitteilung und für deren Verstehen.

Die feste strukturelle Kopplung zwischen dem »Tourismussubjekt« und dem »Tourismusobjekt« wird durch einen »Vertrag« (z.B. *Optionsbestätigung*) operativ gestützt. Oder anders formuliert: Vertragstextsorten konstituieren die feste strukturelle Beziehung zwischen »Tourismussubjekten« und »Tourismusobjekten«. Sie deklarieren, dass das Tourismussubjekt in das wirtschaftliche Subsystem inkludiert wurde. Dass mit dem Vertragsabschluss Anschlusshandlungen wie das Zahlen verbunden sind, soll hier nicht weiter interessieren. Hervorzuheben ist, dass die Beziehung zwischen einem »Tourismussubjekt« und einem »Tourismusobjekt« zeitlich begrenzt ist. Nach Leistungsinanspruchnahme löst sich die Beziehung wieder. Es bedarf also zahlreicher Kopplungen und ihrer beständigen Reproduktion, damit das Tourismussystem nach den Modalitäten eines wirtschaftlichen Systems funktionieren kann.

Textsortenlinguistisch ist interessant, was einem Vertragsabschluss üblicherweise vorausgeht und welche Rolle dabei Reisekataloge und die in ihnen vorkommenden Textsorten spielen.

Vor dem Vertragsabschluss steht ein eingehender Prozess der Informationssuche, Informationswahrnehmung und Informationsverarbeitung der Person, die sich in die Rolle eines »Tourismussubjekts« begeben möchte. In diesem Prozess tritt die Person als das »Tourismussubjekt« in die »Anbieter-Nachfrager-Beziehung« ein, in der die Tourismus-Kommunikation im Mittelpunkt steht (vgl. Armbrecht / Moritz 1998, 69). Dabei wird der »Angebotsmittler« (Reisebüro) aufgesucht. Reisekataloge dienen in dieser Institution als Verkaufshilfen für den Angebotsmittler und als Entscheidungshilfen für das Tourismussubjekt. Was dies genauer für die Konstituierung des Systems ›Tourismus‹ bedeutet, soll im folgenden Abschnitt erläutert werden.

Wenn die Textsorten in Reisekatalogen mit den systemtheoretischen Begriffen ›*doppelte Kontingenz*‹ und ›*Entscheidungskommunikation*‹ in Verbindung gebracht werden, geht es um die Klärung der *Bereichsfunktion*. Das heißt, es geht zum einen um die systemspezifische Funktion als Beitrag zur Konstituierung des sozialen Systems ›Tourismus‹, in dem die Textsorte produziert wird, und es geht zum anderen um die Leistung der Textsorte für andere Systeme, hier für psychische Systeme, die zum Tourismussubjekt werden sollen.

Nach Luhmann verbindet sich »doppelte Kontingenz« mit dem Entstehen von Systemen. »Soziale Ordnung kommt zustande, wenn jemand eine Vorgabe macht, eine Aktivität lanciert, einen Vorschlag macht oder sich repräsentiert und die anderen damit unter einen Reaktionszwang setzt.« (Luhmann 2004b, 320) Übertragen auf das Tourismussystem kann dies heißen: Eine Person und eine Organisation stehen sich gegenüber. Jede Seite verfügt über bestimmte Bedürfnisse (Reiselust – Gewinn erzielen aus der Reiselust des anderen) und Leistungsmöglichkeiten (Zahlung – Leistungsangebote). »Der eine hängt von den Leistungen des anderen ab und der andere von den Leistungen des einen. Jeder kann die Leistungen erbringen oder auch verweigern.« (Luhmann 2004b, 318)

Das »Tourismussubjekt« bekommt es mit einer Menge an touristischen Angeboten zu tun, aus denen es eines selektiert, auswählt. Das Leistungsangebot touristischer Organisationen insgesamt bleibt für das »Tourismussubjekt« jedoch unbestimmt und unbestimmbar. Für die andere Seite, die touristischen Organisationen, bleibt das »Tourismussubjekt« unbestimmt und unbestimmbar, was sich in der Schwierigkeit zeigt, zielgruppenspezifische Angebote zu unterbreiten und aufrechtzuerhalten.

Reisekataloge und die in ihnen zusammengestellten Textsorten (z.B. Communiqué, Reisezielbeschreibung, Ortsbeschreibung, Hotelbeschreibung) regulieren doppelte Kontingenz – und dies in folgender Weise: Sie bieten Beschreibungen von Leistungspaketen zur Auswahl / Selektion an und sind insofern *Verkaufshilfen* für den Angebotsmittler im Reisebüro und *Entscheidungshilfen* für das »Tourismussubjekt«. Sie halten für beide beteiligte Seiten Informationen über das Reiseziel, Klima, Anreisemöglichkeiten, die Lage des Objekts, Unterkunfts- und Verpflegungsmöglichkeiten (Ausstattung des Hotels und der Hotelzimmer, Mahlzeiten), Freizeitangebote (Sport & Spiel, Fitness, Unterhaltung) sowie zielgruppenspezifische Informationen (für Kinder, Single mit Kind) bereit. Für das Tourismussystem intern bedeuten die benannten Textsorten eine Informationsgrundlage für eine effektive Beratung des Tourismussubjekts durch den Angebotsvermittler, dessen Ziel letztlich darin besteht, eine Reise zu verkaufen. Die externe Leistung der genannten Textsorten besteht darin, das noch externe System, ein beliebiges psychisches System, in seiner Entscheidungsfindung für ein bestimmtes Leistungsangebot bestmöglich zu unterstützen. Die Entscheidung für ein Leistungsangebot bedeutet das Letztelement organisationaler Kommunikation, das zum Vertragsabschluss führt und damit das Tourismussubjekt in das Tourismussystem einschließt.

Der Entscheidung vorgeordnet sind in einer Gesprächssituation zwischen dem Angebotsvermittler und dem psychischen System, das zum Tourismussubjekt werden soll, kognitive Operationen des Vergleichens, des Eliminierens oder Verwerfens, des Selektierens, des Reflektierens. In diesem Prozess erleben und erfahren beide Partner *offene Kontingenz*, also Wahlmöglichkeiten. Diese »Kontingenzerfahrung lässt Systembildungen anlaufen« (Luhmann 1988, 170), wie Luhmann es formuliert. Strukturen sind den Operationen nachgeordnet und werden als Resultat von Entscheidungen begriffen (vgl. Luhmann 1998, 833). Mit der Entscheidung für eine Option und mit dem Vertragsabschluss liegt eine neue Struktur vor – das psychische System ist als »Tourismussubjekt« in das soziale System ›Tourismus‹ inkludiert und konstituiert es mit.

Die umrissene Bereichsfunktion von Textsorten in Reisekatalogen, doppelte Kontingenz zu regulieren und Entscheidungskommunikation zu befördern, um letztlich soziale Strukturen zu bilden, führt nun zur Ableitung textinterner, sprachlicher Merkmale. Um der Bereichsfunktion gerecht zu werden, erscheint es ein Erfordernis, dass die Informationsfunktion mit ihr adäquaten Mitteln in den benannten Textsorten dominiert. Communiqué und Inhaltsbeschreibung in dem Alltours-Katalog (2008) folgen zwar dem argumentativen Vertextungstyp, dennoch werden reale Leistungsangebote beschrieben und Adjektive erscheinen nicht übertreibend-persuasiv, sondern realitätsnah positiv wertend (z.B. *imposantes Bergmassiv, exzellente Golfplätze*) und es wird nicht explizit ein Appell zum Kauf formuliert.

Ortsbeschreibungen folgen einem deskriptiven Vertextungstyp. So wird beispielsweise zum Ort »Canyamel« eine grobe Übersichtsskizze mit Straßen und mit nummerierten Hotels und Hotelliste sowie ein beschreibender Text angeboten, der auf Spezifika in Nominalphrasen mit linkserweiternden Adjektiven und Partizipien, kurzen einfachen Sätzen eingeht:

Beispiele

»Kleiner beschaulicher Badeort mit flach abfallendem, besonders für Kinder geeignetem Sandstrand und einer auffallend ruhigen Atmosphäre. Pinienwälder reichen bis zur reizvoll gelegenen Bucht. In den bewachsenen Bergen der wunderschönen Umgebung liegen auch die berühmten Tropfsteinhöhlen von Arta und der Torre de Canyamal, ein Verteidigungsturm aus dem 14. Jh. Tennissportler finden gute Bedingungen, ein 18-Loch-Golfplatz ist 4 km entfernt.« (2008, 17)

Ein solcher Text wird Touristen ansprechen, die in der Tat keinen Trubel, sondern Ruhe suchen.

In den Texten der Textsorte *Hotelbeschreibung* wird in ähnlicher Weise verfahren. Das Logo des Hotels, die landesübliche Kategorisierung, Fotos mit Einblick in die Hotelzimmer oder mit Blick auf Gebäude und Poollandschaften umrahmen den Beschreibungstext auf einer oder einer halben Katalogseite. Der beschreibende Text gliedert sich inhaltlich in die Abschnitte *Lage, Ausstattung, Mahlzeiten, Sport & Spiel, Fitness, Sie wohnen, Service.* Er enthält damit Informationen zum Tourismusobjekt ›Hotel‹, die ein »Tourismussubjekt« erwartet. In der sprachlichen Gestaltung dominieren Nominalphrasen mit **Links- und Rechtserweiterungen** (*elegantes, vollklimatisiertes Komforthotel der gehobenen Klasse im mallorquinischen Villenstil*), Infinitivkonstruktionen (*nur ca. 150 m*[1] *vom kilometerlangen, feinsandigen Strand entfernt*), einfache Sätze (*Abends wird Wert auf angemessene Kleidung gelegt.*), Aufzählungen (*Sauna, Jacuzzi, Türkisches Bad*). Adjektive und Partizipien wie *schön, elegant, vollklimatisiert, gehoben, gepflegt, hübsch angelegt, großzügig, ansprechend, gemütlich, freundlich, abwechslungsreich* erscheinen stereotyp, möglicherweise auch vage und von daher durch den Rezipienten mit Assoziationen auffüllbar. Dennoch zeigt sich ein für den Sprachgebrauch im Tourismus zweckmäßiges Vorgehen, so dass Abstufungen in den Sterne-Kategorien gut erkennbar werden:

Beispiele

»Sie wohnen: In luxuriösen, geräumigen und äußerst geschmackvoll ausgestatteten Juniorsuiten. Für die Einrichtung wurden hochwertigste Materialien verwendet.« (z.B. 2008, 171) (Fünf-Sterne-Hotel)
»Sie wohnen: In großzügig und geschmackvoll eingerichteten Zimmern mit Klimaanlage [...]« (z.B. 2008, 149) (Vier-Sterne-Hotel)
»Sie wohnen: In freundlich / zweckmäßig eingerichteten Zimmern (mit Klimaanlage) [...]« (z.B. 2008, 139) (Drei-Sterne-Hotel)

Die stereotype Wiederholung wertender Adjektive, die nicht als überschwänglich oder übertreibend eingestuft werden können, erweist sich als üblich.

Die Bewirkungsfunktion wird mit der Verstehensleistung potenzieller Tourismussubjekte erreicht, wenn diese eine definitive Auswahl eines Angebots treffen und einen Vertrag abschließen und schließlich zahlen. Sie treffen eine Entscheidung. Damit ist die Reproduktion des Systems gesichert.

Fassen wir die Ergebnisse der Analyse zur Funktion von Reisekatalogtextsorten noch einmal in einer Tabelle (Tab. 14) zusammen:

[1] Ab Entfernungen von 200 Metern verwendet der Katalog die Partikel ›nur‹ nicht mehr.

Bereichsfunktion	*Textfunktion*	*Bewirkungsfunktion*
Systemintern: Informationsgrundlage, Verkaufshilfe für Vermittler		
Systemextern: Informationsgrundlage, Entscheidungshilfe für Tourismussubjekt		
Regulierung von Kontingenz (Wahlmöglichkeiten) und Strukturanbahnung	Informationsfunktion	Entscheidung treffen

Tab. 14: Funktionen von Textsorten in Reisekatalogen

Weiterführende Literatur

Brinker, Klaus (2010): Linguistische Textanalyse. Eine Einführung in Grundbegriffe und Methoden. Bearb. von Sandra Ausborn-Brinker. 7., durchges. Aufl. Berlin: Erich Schmidt, 78–119

Gansel, Christina (Hg.) (2008): Textsorten und Systemtheorie. Göttingen: Vandenhoeck & Ruprecht

Gansel, Christina (2008a): Textsorten in Reisekatalogen – Wirklichkeitskonstruktion oder realitätsnahe Beschreibung. In: Gansel, Christina (Hg.), Textsorten und Systemtheorie , Göttingen 2008b: V&R unipress, 155–170

Funktionalstile

Mit der Hinwendung zum Funktionalstil soll gezeigt werden, dass soziale Systeme als Kommunikationssysteme nicht nur bestimmte Textsorten für ihre Kommunikationen ausgeprägt haben, sondern ebenso einen typischen Sprachstil, der sich in den verwendeten Textsorten niederschlägt und immer wieder auftritt. Es wird erläutert und an Beispielen gezeigt, woraus sich der Funktionalstil eines Kommunikationssystems ableiten lässt. Zur Autopoiesis eines sozialen Systems gehört es, dass der spezifische Sinn der Kommunikation des Systems reproduziert wird und zu diesem Zwecke immer wieder in die Kommunikation eingegeben werden muss.

Im vorangegangenen Kapitel ist es als notwendig erachtet worden, im Rahmen der Diskussion von Funktionsbegriffen eine Umstellung der Relation Struktur → Funktion auf die Relation Funktion → Struktur vorzunehmen. Eine solche Umstellung auf den Funktionsstrukturalismus der Systemtheorie kommt dem Begriff ›Funktionalstil‹ entgegen, der im Folgenden eingeführt werden soll. Es soll gezeigt werden, dass soziale Systeme als Kommunikationssysteme mit dem soziolinguistischen Begriff ›Funktionalstil‹ kompatibel sind. Nicht nur Textsorten, sondern auch Funktionalstile lassen sich im Hinblick auf die Kommunikationssysteme sozialer Systeme beobachten.

Während wir die Relation zwischen sozialen Systemen und Textsorten fokussiert haben, gewinnt der Funktionalstil in Textstilistik (vgl. Eroms 2008) und Soziolinguistik (vgl. Hoffmann 2007) an Bedeutung und auch in der Textlinguistik wurde auf die Funktionalstilistik verwiesen (vgl. Gansel / Jürgens 2002, Adamzik 2004, Heinemann / Heinemann 2002, 162), weil sie davon ausgeht, dass Funktionalstile bzw. Bereichsstile für Kommunikationsbereiche auszumachen sind.

Merksatz

Festzuhalten ist, dass Textsorten und Funktionalstile in traditioneller Sichtweise auf Kommunikationsbereiche bezogen werden. Genau

wie bei den Textsorten lässt sich ein Funktionalstil für die Kommunikation sozialer Systeme herleiten.

Ein derartiges Vorgehen ist nur konsequent und resultiert aus dem soziolinguistischen Ansatz der Funktionalstilistik, der mit systemtheoretischem Hintergrund vertieft werden soll. Unter soziolinguistischen Aspekten wurde der Begriff ›Funktionalstil‹ in der sowjetischen Linguistik von Riesel / Schendels (1975) zu einer der Grundsatzfragen der Stiltheorie erhoben. Bei diesem Ansatz geht es grundsätzlich um den Zusammenhang von Gesellschaft und Sprachverwendung, um Verwendungsweisen und Ausdrucksgestaltung in allen Kommunikationsbereichen und Kommunikationssituationen. Ein bestimmter Mitteilungszweck ziehe eine bestimmte linguistische Spezifik (vgl. Riesel / Schendels 1975, 18) nach sich, die einem spezifischen gesellschaftlichen Aufgabenbereich gerecht werden müsse. Eine empirisch erkennbare gesellschaftliche Funktion, ein gesellschaftlicher Aufgabenbereich prägt also spezifische sprachliche Strukturen aus (Funktion → Struktur).

Zum Ende der 1970er-Jahre fragte man insbesondere nach Art und Zahl der »objektiv« nachweisbaren funktionalen Stile. Im Wesentlichen schienen in der russischen, deutschen, englischen und französischen Stilistik »**mehr oder weniger** einheitlich« (Riesel / Schendels 1975, 19; Hervorhebung im Original) folgende Funktionalstile empirisch belegbar:

> »**Stil der öffentlichen Rede**
> **Stil der Wissenschaft**
> **Stil der Presse und Publizistik**
> **Stil der Alltagsrede**
> **Stil der schönen Literatur**« (Riesel / Schendels 1975, 19; Hervorherbung im Original).

Dass mit den im Jahr 1975 genannten Funktionsbereichen der Gesellschaft und ihren Funktionalstilen nicht alle ausdifferenzierten Kommunikationssysteme erfasst wurden, liegt auf der Hand. Weitere wahrnehmbare ausdifferenzierte Teilbereiche der Gesellschaft sind heute – 35 Jahre später – zu konstatieren. Dennoch erweist sich der Grundansatz der Ordnung als stimmig und ist mit Blick auf eine moderne, funktional ausdifferenzierte Gesellschaft erweitert worden, wie die nachfolgende Tabelle einsichtig machen soll. In der Tabelle konzentrieren wir uns auf Kommunikationsbereiche, wie sie bei Hoffmann (2007), Eroms (2008), im HSK-Band 16.1 zur Textlinguistik (Brinker u.a. 2000a) und in Absetzung davon als soziale Systeme bei Luhmann und anderen Systemtheoretikern beschrieben werden.

	Textlinguistik und Stilistik			*System-theorie*
	Kommunikationsbereiche			Soziale Systeme
Riesel / Schendels (1975)	HSK 16.1 (2000)	Hoffmann (2007)	Eroms (2008)	
Alltag	Alltag	Alltag	Alltag	Private Inter-aktions-systeme: Familie, Intimbezie-hung
Wissen-schaft	Hochschule und Wissen-schaft	Wissen-schaft		Wissen-schaft Hochschule
Presse und Publizistik	Massen-medien	Journalis-mus	Medien	Massen-medien
	Verwaltung	Bürokratie		
Öffentlicher Bereich	Rechtswesen und Justiz Politische Institutio-nen		Öffentliche Kommuni-kation: Recht Politik	Recht Politik
	Wirtschaft und Handel	Werbung (auf Wirt-schaft und Politik bezogen)	Werbung	Wirtschaft Subsysteme: Tourismus, Werbung
Kunst		Kunst	Literatur	Kunst
	Schule		Unterwei-sung	Erziehung
	Religiöser und kirchli-cher Bereich		Sakraler Bereich	Religion

	Medizin und Gesundheit			Medizin-system/ System der Krankenbe-handlung
	Sport			Sport
	Militär-wesen			

Tab. 15: Kommunikationsbereiche und soziale Systeme

Beim Vergleich der in der Tabelle eingetragenen Kommunikationsbereiche und sozialen Systeme zeigen sich in jedem Falle Ähnlichkeiten: Funktionalstilistik, Textlinguistik und Systemtheorie nehmen die Aufgaben- und Kommunikationsbereiche / -systeme für moderne Gesellschaften in ähnlicher Weise wahr. Von der Wahrnehmung und Beobachtung funktional ausdifferenzierter gesellschaftlicher Bereiche ist es also abhängig, welche und wie viele Bereiche erfasst werden.

Das System der Funktionalstilistik mag man heute als zu grob beurteilen. Die vorgenommene Klassifikation zeigt sich im Vergleich zu moderneren Varianten ebenfalls als zu grob im Hinblick auf Gestaltungszusammenhänge, wobei »grundlegende Gestaltungszusammenhänge« gemeint waren. Je mehr ausdifferenzierte Kommunikationssysteme wahrnehmbar werden, desto differenziertere Aussagen in Hinblick auf Unterschiede und Gemeinsamkeiten können auch zu den jeweiligen sprachlichen Gestaltungsprinzipien in diesen Bereichen getroffen werden. Weitere Differenzierungen können zudem mit der Analyse von **Textsortenstilen** erreicht werden.

Auf einige Uneinheitlichkeiten, wie sie sich in der Tabelle zeigen, soll im Folgenden aufmerksam gemacht werden:

1) In Bezug auf die Alltagssprache stellt Hoffmann klar, dass in der Funktionalstilistik dieser Bereich mit der »privaten, von dienstlichen oder institutionellen Zwängen befreiten Kommunikation« (2007, 1) identifiziert wurde, was mit systemtheoretischen Positionen gut vereinbar ist. Private Lebenssphären der Menschen lassen sich im Sinne Luhmanns über Interaktionssysteme wie ›Familie‹ oder ›Intimbeziehung‹ erfassen. Es sind Kommunikationen gemeint wie das Besprechen familiärer Angelegenheiten, die Pflege privater Kontakte oder Kommunikationen der Freizeitgestaltung.

2) Hoffmanns Differenzierung der Behördenkommunikation leuchtet ungemein ein. Administrierender und regulierender Sprachgebrauch

scheint jedoch völlig unabhängig von rechtlicher Kommunikation und auch politischer Kommunikation nicht ausreichend erklärbar.

3) In systemtheoretischer Perspektive liegt kein Missverständnis vor, »wenn man die Sprache der Politik einem bestimmten Funktionalstil zuschlagen will« (Hoffmann 2007, 1). Es erscheint eher unglücklich zu formulieren, »politische Sprache begegnet in vielen Kommunikationsbereichen: in der Wissenschaft (Politikwissenschaft), im Journalismus (politischer Journalismus), in der Werbung (politische Werbung), in der Kunst (politische Dichtung)« und sei deshalb als eigenständiger Funktionalstil nicht auszumachen.

Differenz und Entflechtung wären indes angebrachter: Der Sprachstil, der in der Politik gepflegt wird, ist ein anderer als der, der in der Wissenschaft von der Politik relevant ist. Politik operiert im Medium ›Macht‹, das System ›Wissenschaft‹ im Medium ›Wahrheit‹. Unterschiede sollten im Sprachgebrauch sichtbar werden, denn das symbolisch generalisierte Medium konditioniert für Kommunikationen.

Der Journalismus beobachtet die Politik, hat jedoch eigene Strategien, Strukturen, Formen entwickelt, um über die politischen Akteure, Aktivitäten und Ereignisse zu informieren (Bericht, sachlich-objektive Darstellung), diese zu kommentieren (Kommentar, meinungsorientiert-bewertende Darstellung) oder in Szene zu setzen (politische Talk-Show, Inszeniertheit, Unterhaltung).

Politische Sprache kommt nicht in der Werbung vor, sondern Politik nutzt für ihre Ziele die Werbung, insbesondere Wahlwerbung. Politische und wirtschaftliche Werbung unterscheiden sich jedoch. Politische Dichtung hat Politik zum Gegenstand und so mag politische Lexik in der entsprechenden Dichtung vorkommen. Dichtung lebt allerdings vom individuellen Stil und von der Schaffung individueller Formen.

4) Die Auffassung, dass im Gegensatz zu früheren Einordnungen Luhmanns (vgl. 2004a) Werbung ein eigenständiges funktionales System bilde, wird in systemtheoretischen Arbeiten heute gleichfalls gesehen (vgl. z.B. Zurstiege 2002). Aus der Tabelle geht jedoch auch die unmittelbare Beziehung von Werbung zu einem ›Muttersystem‹ (z.B. zu Wirtschaft und zu Politik) hervor, wie es schon angesprochen wurde.

5) Dass Recht und Politik jeweils eigenständige Bereiche funktional ausdifferenzierter Teilsysteme der Gesellschaft bilden, ist unstrittig und wird über die Systemtheorie hinaus in der Textlinguistik so konstatiert. Den Begriff ›Öffentlichkeit‹ verwendet die Systemtheorie in Luhmann'scher Prägung hingegen nicht für soziale Systeme, sondern für die Umwelt eines

sozialen Systems. So bildet beispielsweise der Markt die Umwelt des Wirtschaftssystems.

Es ist davon auszugehen, dass funktionale Bereiche einer Gesellschaft spezifische sprachliche Strukturen ausgebildet haben.

Zu fragen ist nun, ob auf einer doch hohen Abstraktionsebene der sozialen Systeme eine sprachstilistische Ausgrenzbarkeit **kookkurierender Stilzüge**, **Stilprinzipien** und **Stilelemente** möglich ist, die in ihrer Kombination und Frequenz für die einzelnen Bereiche charakteristisch sind. Noch in den 1990er-Jahren haben Stilistiker (vgl. z.B. Fleischer u.a. 1993, 29) dies bezweifelt. Ein mittlerer Ansatz, sich nur auf den Stil von Textsorten zu beziehen, erschien ihnen aussichtsreicher. Dennoch verwendeten sie neben den Stiltypen ›Textsortenstil‹, ›Gruppenstil‹, ›Individualstil‹ und ›Zeitstil‹ den Ausdruck ›Bereichsstil‹.

Trotz dieser Zweifel soll versucht werden, einen Ansatz für die Ableitung von Funktionalstilen zu finden. Hoffmann (2007) hat einen Algorithmus zur Ermittlung und Abgrenzung von **Funktiolekten** (Funktionalstilen) aufgestellt, der schrittweise »Gestaltungsalternativen ermittelt und voneinander abgrenzt« (2007, 10). Derartige Gestaltungsalternativen werden u.a. in folgender Weise gegenübergestellt: ungezwungen locker (Alltagssprache) vs. literarisch-ausgefeilt (Dichtersprache) oder journalistisch geformt (Pressesprache) vs. anpreisend-persuasiv (Werbesprache).

Bevor wir zu diesem Algorhitmus zurückkommen, soll zunächst der in Rede stehende Stilbegriff erklärt werden.

Stil hat grundsätzlich etwas mit der »Spezifik der s p r a c h l i c h e n A u s g e s t a l t u n g von Textstrukturen (Gesprächstexte wie Schrifttexte) innerhalb eines komplexen Bedingungsgefüges« (Fleischer u.a. 1993, 14; Hervorhebung im Original) zu tun. »Der Stil eines Textes drückt sich in der Art zu formulieren aus; Stil ist eine S e i t e des Formulierens (als Prozeß) bzw. der Formulierung (als Produkt).« (1993, 18) Als Realisierung der Textoberfläche ist Stil das WIE der Gestaltung, also die sprachliche Form. Inhaltlich sagt Stil etwas aus über den Kommunikationsbereich, den Kommunikator, den Kommunikationsgegenstand, das Verhältnis zum Medium ›Sprache‹. Stil ist nicht nur Gestalt (WIE), sondern liefert Informationen pragmatischer Natur (WAS) (vgl. Fix / Poethe / Yos 2003, 27). Stil vermittelt Kontextualisierungshinweise, er verweist auf den situativen Kontext, den Bereich, in dem kommuniziert wird. Stil lässt sich systemtheoretisch mit der Mitteilungsselektion verbinden, er wird in der Mitteilungsselektion, also in der Gestalt eines Textes, offensichtlich.

Definition

Stil ist ein Phänomen der Wahl, sprachliche Mittel können individuell für die Umsetzung einer kommunikativen Aufgabe gewählt werden. In vielen Situationen werden Wahlmöglichkeiten jedoch eingeschränkt, Stil folgt dann bestimmten Normen.

Diesen »Doppelcharakter« von Stil, Wahlmöglichkeit und Norm zugleich darzustellen, bezeichnet Eroms als »**Janusgesicht des Stils**« (2008, 16; Hervorhebung im Original).

Mit der »gesellschaftlichen Funktion von Stil [...], nach der sich die Sprachverwendung richtet« (Fix / Poethe / Yos 2003, 34), rückt in der Funktionalstilistik Normatives in den Blick. Den normativen Ansatz greift Eroms (2008) für Funktionsbereiche auf. Seine Definition von Stil führt systematisch über Stil als Wahl, individuellen Stil und universelle Vertextungsstrategien zu einem Stil auf hoher Abstraktionsebene für Funktionsbereiche.

> »Stil ist das auf paradigmatischer Opposition der Ausdrucksvarianten beruhende, syntagmatisch fassbare, effektive, einheitliche und je ausgewählte und unverwechselbare Merkmal von Sprache in je bestimmten Funktionsbereichen. [...] Stil auf bestimmte Funktionsbereiche zuzuschneiden ist der Versuch, die Verwendungsbedingungen der Sprache als bestimmende Instanzen zu fassen.« (Eroms 2008, 107)

Mit Funktionalstilen, so Eroms, liege ein »normatives Raster für die Erklärung von sprachlichen Erscheinungen vor« (2008, 107). Das bedeutet, dass der Kontext die sprachlichen Mittel bestimmt. Riesel / Schendels hingegen bezeichnen Stil – und diese Auffassung wird hier ausdrücklich unterstützt – als den »funktionsgerechten, durch außer- und innerlinguistische Momente bedingten Gebrauch des sprachlichen Potentials im schriftlichen und mündlichen Gesellschaftsverkehr« (1975, 5).

Eroms hebt weiterhin hervor, dass die »funktionalen Stiltypen« »textbezogen« (2008, 111) sind und Vertextungsstrategien wie auch Textsorten in die Charakteristik der Stiltypen einzubeziehen sind. In den Einzelbeschreibungen zu den acht ausgemachten Funktionsbereichen (Alltag, Wissenschaft, Öffentliche Kommunikation, Medien, Unterweisung, Literatur, Religion, Werbung) geht Eroms jeweils ein auf:
- die Grundfunktion des Bereichs,
- den Adressatenkreis,
- Textsorten,
- Stilzüge,
- Vertextungsstrategien,
- spezifische Formulierungen.

Hoffmann (2007) verwendet die folgenden Kategorien als Raster zur Beschreibung der Funktiolekte (Alltagssprache, Dichtersprache, Wissenschaftssprache, Behördensprache, Pressesprache, Werbesprache):
- Funktionale Charakteristik,
- kommunikative Rahmenbedingungen,
- Gattungssprachen,
- Text- und Gesprächssorten,
- sprachliches Erscheinungsbild / dominierende Stilprinzipien,
- Abgrenzungsfragen.

In beiden Modellen wird besonderer Wert auf dominante Stilzüge bzw. Stilprinzipien gelegt. Stilzüge bezeichnen nach Fix / Poethe / Yos eine »Vermittlungsinstanz zwischen Stilelementen und Stilganzem; charakteristische Gestaltungsprinzipien eines Text- und Stilganzen, z.B. sachlich, bildhaft, abstrakt, unpersönlich« (2003, 218).

Im Folgenden sollten Funktionalstile als normatives Raster systemtheoretisch eingebunden und fundiert werden. Hoffmann (2007) und Eroms (2008) haben externe Faktoren mit der Funktion des Bereichs, dem Adressatenkreis oder kommunikativen Rahmenbedingungen erfasst und dominante Stilzüge bzw. Stilprinzipien auf diese bezogen.

Über die genannten sprachexternen situativen Faktoren hinausgehend soll ein Parameter der *Sozialen Dimension* – und zwar der der *Systemrationalität* (vgl. Kapitel 4) – für die Ableitung funktionalstilistischer Stilzüge herangezogen werden. Vor dem Hintergrund der Systemrationalität (Funktion, Leistung, Medium, Code, Programm) lassen sich Sinnverarbeitungsregeln ableiten, die sich in kommunikativen Stilzügen oder dominanten Stilprinzipien niederschlagen. Oder anders formuliert: Bestimmte dominante Stilprinzipien tragen dazu bei, den Sinnverarbeitungsregeln eines funktional ausdifferenzierten sozialen Systems in seiner Kommunikation gerecht zu werden. Es geht also um die Frage, auf welche Art und Weise in der Kommunikation, in Texten und Gesprächen, Sinn hergestellt wird. Sinnvoll wäre ein solches Vorgehen beispielsweise für die Abgrenzung eines sakralen Funktionalstils und eines Funktionalstils der Literatur im Rahmen moderner Gesellschaften, also in synchroner Perspektive, um die Vermischung beider Bereiche zu vermeiden.

Im Folgenden sei daher versucht, sakrale Sprache und Sprache der Literatur in groben Zügen als zwei Funktionalstile zu erfassen und auf die Systeme ›Religion‹ und ›Literatur‹ zu beziehen.

Die Literaturwissenschaft sieht Literatur als ein soziales, autopoietisches, selbstreflexives System, d.h. als operativ geschlossen und kognitiv offen arbeitendes System, das sich seit dem 18. Jahrhundert geschlossen hat. Operativ geschlossen meint, dass das System eine spezifische Struktur und Funktion entwickelt hat, in deren Rahmen in der Umwelt wahrgenommene Irritationen oder Störungen kognitiv verarbeitet werden. Literatur lässt sich in Form des *Symbolsystems* (Literarische Gattungen und Genre) und des *Handlungssystems* (Produktion, Handlungen mit den Texten des Symbolsystems in Distribution und Rezeption) von Literatur beobachten.

Die Schließung des Systems zeichnet sich seit der Zeit der Aufklärung ab. Und so stellt Eroms fest: »Seit der Aufklärung sind die individuellen Stilambitionen in der Literatur dominant [...]. (2008, 130)«

Kennzeichnend für literarische Texte und literarische Sprache, also zunächst für das Symbolsystem ›Literatur‹, und damit für einen eigenständigen funktionalstilistischen Bereich, sind zwei wesentliche Merkmale: *Fiktionalität* und die *Dominanz* des Individuellen (vgl. Eroms 2008, 130). Autorinnen und Autoren beobachten ihre Umwelt, wählen Stoffe und Themen, die sie jedoch fiktional und nach individuellen Gestaltungsprinzipien, mit einer »autorzentrierten Sprachhaltung« (Eroms 2008, 130) verarbeiten. Leserinnen und Leser erwarten als Leistung von Literatur, dass sie unterhaltend, entlastend ist, sogar Lebenshilfe bietet, zum Bildungsgut gehört, ebenso aufstörend wirkt oder stabilisierend. Die Erträge, die aus Literatur gewonnen werden können, sind vielschichtig (**polyvalent**). Das Merkmal der individuellen Gestaltung der Form eines literarischen Textes ist letztlich am Medium und am Code des Systems orientiert. Die folgende Tabelle zeigt die Systemrationalität des Systems ›Literatur‹ auf und schreibt den einzelnen Kategorien funktionalstilistische Merkmale, wie Stilzüge, Stilprinzipien, Stilelemente, zu.

	Systemrationalität	*Funktionalstilistische Zuschreibungen*
Funktion	Beobachtung der Gesellschaft	Selektion von Stoffen und Themen Transformation in Fiktionalität
Leistung	Unterhaltung Entlastung Lebenshilfe Bildung Störung Stabilisierung	»Leseaufgabe« (Eroms 2008, 130) Einlassen auf den literarischen Text Erschließung des je Individuellen

Medium	Ruhm Erfolg Kanonisierung Gedächtnis Archivierung	Individualität
Code	Schön / hässlich Interessant / nicht interessant polyvalent / nicht polyvalent	universelles Arsenal der stilistischen Mittel und deren individuelle Selektion und Kombination
Programm	Gattungen Genre Darstellungsweisen	Vertextungsstrategien: erzählend dramatisch lyrisch

Tab. 16: Systemrationalität des Systems ›Literatur‹ und Funktionalstil

Die folgenden drei Textausschnitte stellen jeweils den Anfang des jeweiligen Werkes dar. Die zitierten Werke der ausgewählten Autoren (Theodor Fontane, Christa Wolf und Alexa Hennig von Lange) gehören zum Literaturkanon, mit den Werken ist ein gewisser Erfolg und Ruhm des Autors und der beiden Autorinnen verbunden. In den Textanfängen werden die unterschiedlichen Erzählperspektiven und Erzähler konstituiert, was hier jedoch nicht weiter interessieren kann. Von Relevanz ist die sehr unterschiedliche, individuelle sprachliche Gestaltung des Erzähleinstieg:

Beispiele

»In Front des schon seit Kurfürst Georg Wilhelm von der Familie von Briest bewohnten Herrenhauses zu Hohen-Cremmen fiel heller Sonnenschein auf die mittagsstille Dorfstraße, während nach der Park- und Gartenseite hin ein rechtwinklig angebauter Seitenflügel einen breiten Schatten erst auf einen weiß und grün quadrierten Fliesengang und dann über diesen hinaus auf ein großes, in seiner Mitte mit einer Sonnenuhr und an seinem Rande mit Canna indica und Rhabarberstauden besetztes Rondell warf. Einige zwanzig Schritte weiter, in Richtung und Lage genau dem Seitenflügel entsprechend, lief eine ganz in kleinblättrigen Efeu stehende, nur an einer Stelle von einer kleinen weiß gestrichenen Eisentür unterbrochene Kirchhofsmauer, hinter der der Hohen-Cremmener Schindelturm mit seinem blitzenden, weil neuerdings erst wieder vergoldeten Wetterhahn aufragte. [...]«
(Fontane 1979, 7)

Beispiele

»Eines Tages, über den ich in der Gegenwartsform nicht schreiben kann, werden die Kirschbäume aufgeblüht gewesen sein. Ich werde vermieden haben, zu denken: ›explodiert‹; die Kirschbäume sind explodiert, wie ich es noch ein Jahr zuvor, obwohl nicht mehr ganz unwissend, ohne weiteres nicht nur denken, auch sagen konnte. Das Grün explodiert: Nie wäre ein solcher Satz dem Naturvorgang angemessener gewesen als dieses Jahr, bei dieser Frühlingshitze nach dem endlos langen Winter. Von den viel später sich herumsprechenden Warnungen, die Früchte zu essen, deren Blüte in jene Tage fiel, habe ich an dem Morgen, an dem ich mich wie jeden Morgen über das Treiben der Nachbarshühner in unserer frischen Grassaat ärgern musste, noch nichts gewusst. Weiße Leghorn. Das beste, was man von ihnen sagen kann, ist, dass sie auf mein Klatschen und Zischen hin angstvoll, wenn auch verwirrt reagieren, immerhin ist eine Mehrheit von ihnen aufgescheucht in Richtung auf das Nachbargrundstück gelaufen. Eure Eier, habe ich gedacht, schadenfroh, werdet ihr womöglich für euch behalten können. Und jener Instanz, die von früh an begonnen hat, mich aus einer sehr fernen Zukunft aufmerksam zu betrachten – ein Blick, nichts weiter –, habe ich zu verstehen gegeben, dass ich mich von nun an an nichts mehr gebunden fühlen würde. Frei, zu tun und vor allem zu lassen, was mir beliebt. Jenes Ziel in einer sehr fernen Zukunft, auf das sich bis jetzt alle Linien zu bewegt hatten, war weggesprengt worden, gemeinsam mit dem spaltbaren Material in einem Reaktorgehäuse ist es dabei gewesen zu verglühen. Ein seltener Fall – […]« (Wolf 2009, 13)

Beispiele

»Mann. Ich bin ein Rockstar. Ich weiß, das will jeder sein. Das finde ich komplett gut. Ich meine, stell dir das mal vor, da klebt deine Autogrammkarte in 1000 bekloppten Zeitungen, und wenn du auf die Straße gehst, weiß jeder alles über dich. Du gehst abends feiern, lädst die Jungs ein, und die Weiber sind verrückt nach dir. Egal, was du für eine Scheiße erzählst, die Leute findens lustig. Original. Ich meine, du hast komplett die Macht. Du bist der Guru, und alles was du sagst, glauben die Leute. Alle wollen cool sein, und du bist der absolut Coolste, und alle fragen sich: ›Wie macht der Typ das?‹ und du denkst: ›Was ham die alle, ich bin doch ganz normal!‹ Mann. Du kannst dir einfach alles erlauben. Wenn du Lust hast, schmeißt du mit Barhockern um dich oder grabschst den Weibern an die Titten. Da bedanken die sich noch bei dir, weil du sie angefasst hast. […]« (Hennig von Lange 1997, 9)

Während Theodor Fontane seinen Erzähler in relativer Breite den Raum eröffnen lässt, in dem die Handlung des Romans *Effi Briest* spielt, steigt die Ich-Erzählerin in Christa Wolfs *Störfall* sogleich in präzise Reflexionen zum Sprachgebrauch ein, wie er aus der Tschernobyl-Katastrophe resultiert. Auch der Einstieg in den Roman *Relax* von Alexa Hennig von Lange konstituiert eine Reflexion des Erzählers, eine Selbstbeobachtung. Diese unterscheidet sich jedoch durch die **emulierte** Mündlichkeit diametral von dem Text Christa Wolfs, der genauestens Formen von Sprache hinterfragt, die aufgrund der Situation nicht mehr akzeptabel erscheinen und dies in verbalem Stil, zusammengesetzten Satzkonstruktionen sowie mit Verben des Sagens, Meinens und Reflektierens umsetzt. In *Relax* hingegen verweisen kurze Sätze, Einwortsatzfloskeln (*Mann.*), die sich selbst reflektierende Ansprache des Erzählers sowie des Lesers / der Leserin mit *du*, jugendsprachliche Elemente wie *cool*, verschriftlichte phonetische Besonderheiten gesprochener Sprache wie Enklisen (*findens* = finden es) oder eine Assimilation (*ham* aus haben) sowie umgangssprachliche Lexeme (*grabschen*) auf die mündliche Kommunikation eines jugendlichen Sprechers.

Fontanes Text hingegen ist charakterisiert durch lange, komplexe, hierarchisch strukturierte Sätze, deren Vorfeld durch erweiterte präpositionale und nominale Phrasen (*In Front des schon seit Kurfürst Georg Wilhelm von der Familie von Briest bewohnten Herrenhauses zu Hohen-Cremmen fiel* [...]) besetzt ist. Partizipien und deren Ergänzungen verdichten und tragen eine Fülle an Informationen zur Beschreibung des Herrenhauses der Familie von Briest und dessen Einbindung in Garten und Dorf.

Die Individualität der sprachlichen Gestaltung als ein funktionalstilistisches Kriterium sollte damit deutlich geworden sein und kann an jedem literarischen Text nachgezeichnet werden.

Das System ›Religion‹ wird wie andere funktional ausdifferenzierte soziale Teilsysteme der Gesellschaft in der Systemtheorie hinsichtlich Code (binäre Leitdifferenz des Systems), Medium (Sinn, Regeln für die Kombination von Symbolen), Funktion (Folgen von Systemoperationen für das System selbst), Leistung (Form der Beziehung zwischen Systemen) und Programm (Regeln für zulässiges Kommunizieren) beschrieben. Für das System ›Religion‹ stellt Krause (2005, 238f.) fest, dass zu diesem System alle Kommunikationen gehören, die sich auf Gott beziehen. Der binäre Code des religiösen Systems ist ›Immanenz / Transzendenz‹: Gott wird systemtheoretisch als Transzendentes beobachtet, als Übersinnliches, das die Grenzen der Erfahrung des Bewusstseins überschreitet. Das symbolisch generalisierte Medium des Systems ist der Glaube, an dem sich alle Handlungen im System orientieren. Funktion des religiösen Systems nach innen ist es, »auf die Offenheit von Sinnhorizonten mit Schließung zu antworten« (Krause 2005, 239), d.h. Kontingenz (Wahlmöglichkeit) wird ausgeschaltet. Erklärungen der Welt erfolgen nicht philosophisch oder naturwissenschaftlich, sondern vor dem Hintergrund religiösen Sinns, also des Glaubens und der Gott-Seele-Differenz. Diese Funktion wird als geistliche Kommunikation erfüllt, in der sich alles auf die Kommunikation *über* Gott orientiert. Die Leistungen für andere soziale und insbesondere psychische Systeme bestehen in der Diakonie, der Seelsorge. Als Programmierung des religiösen Systems »dienen Offenbarung, die Lebensführungsregeln der Bibel und wohl hauptsächlich, weil darauf bezogen, die Dogmatik« (Krause 2005, 239).

Hinsichtlich einer funktionalen Gemeinsamkeit religiöser, magischer und liturgischer Texte entdeckt Eroms »transzendente Bezüge« (2008, 133), die die Texte bzw. Textsorten stiften. Religiöse Kommunikation folgt also dem Code des funktional ausdifferenzierten Systems ›Religion‹. Die Stilzüge ›Feierlichkeit‹, ›Abgehobenheit‹ und ›Altertümlichkeit‹ bilden Erwartungs-Erwartungen (Konventionen), die an die geistliche Kommunikation geknüpft werden (s. Tabelle 17).

	Systemrationalität	*Funktionalstilistische Zuschreibungen*
Funktion	Kontingenzausschaltung	Intertextualität Bezug auf Programme Ritualität der Kommunikation
Leistung	Diakonie Seelsorge	Ansprache aller Menschen
Medium	Glaube Gott-Seele-Differenz	
Code	Immanenz / Transzendenz	Feierlichkeit Abgehobenheit Altertümlichkeit Archaismen Bilder Metaphern

Programm	Offenbarung Heilige Schrift Evangelien Dogmatik	Intertextualität

Tab. 17: Systemrationalität des Systems ›Religion‹ und Funktionalstil

Auch in Bezug auf die sakrale Sprache, also die Sprache, die im Kommunikationssystem der Religion dominant erscheint und in vielfältigen Kommunikationen reproduziert wird, kann ein einheitlicher Funktionsbereich angenommen werden, auf den bestimmte dominante Stilzüge bzw. Stilprinzipien ausgerichtet sind. Diese Stilprinzipien sollen anhand von zwei sehr unterschiedlichen Textsorten des Systems ›Religion‹ veranschaulicht werden, indem diese auf die Systemrationalität der Religion bezogen werden.

Zunächst ein Ausschnitt aus der Einleitung, der in das Thema der Enzyklika, die Liebe in der Wahrheit, einstimmt.

Beispiele

»[...] Alle Menschen spüren den Impuls, wahrhaft zu lieben: Liebe und Wahrheit weichen niemals gänzlich von ihnen, denn sie sind die Berufung, die Gott ins Herz und in den Geist eines jeden Menschen gelegt hat. Jesus Christus reinigt und befreit die Suche nach der Liebe und der Wahrheit von unseren menschlichen Armseligkeiten und offenbart uns vollends die Initiative der Liebe und den Plan eines wahren Lebens, das Gott für uns vorbereitet hat. *Die Liebe in der Wahrheit* wird zum Gesicht Christi; und in Christus wird sie zur Berufung für uns, unsere Mitmenschen in der Wahrheit seines Planes zu lieben. Er selbst ist ja die Wahrheit (vgl. *Joh* 14,6) [...].« (*Caritas in Veritate* 2009, 1)

Liebe und Wahrheit werden mit Bezug auf Gott und damit im Glauben an Gott behandelt. Zugleich wird die Sorge um alle Menschen deutlich (*alle Menschen spüren, eines jeden Menschen*).

Referentielle Intertextualität zeigt sich im Bezug zum Jonannesevangelium. Ebenso wird an weiteren Stellen in der Enzyklika auf religiöse Texte Bezug genommen. Die Erklärung der Bedeutung der Liebe für die Menschen speist sich aus der Textklasse religiöser Texte und insbesondere aus den programmatischen Texten des Systems. So stellt die hier kurz zitierte Enzyklika gleichfalls Beziehungen zu anderen Enzykliken her.

Nehmen wir als weiteres Beispiel die vom NDR Kultur / NDR INFO gesendeten Morgenandachten. Vom 12. bis 17. Juli 2010 wurden sie unter dem Titel *Auf gutem Weg* von Professor Heinrich Jacob, Domkapitular em. in Osnabrück, gehalten, der 22 Jahre lang das Seelsorgeamt im Bistum Osnabrück leitete. Am Montag, dem 12. Juli 2010, wurde der Titel *Entdecke Gottes Geist* gesendet. Morgenandachten im Rundfunk sind an ein breites Publikum gerichtet und erreichen so auch nichtreligiöse Menschen. Sie beziehen sich deshalb auf einen Erfahrungsbereich, den fast alle Menschen teilen, und berücksichtigen dies in einer einfachen, verständlichen Sprache. Dennoch werden, obwohl in einem Massenmedium veröffentlicht, die Merkmale sakraler Sprache berücksichtigt.

Beispiele

»Einige Ferientage in Paris! Dieser lang gehegte Wunsch war für eine Studentengruppe unserer Hochschulgemeinde in Erfüllung gegangen. Am Abend, nach ausgedehntem Stadtbummel, saßen wir müde und erschöpft im Bus. Es hieß: ›Wir fahren jetzt zum Gottesdienst in eine Pariser Pfarrei.‹ Erst wenig Begeisterung.

Doch dann diese Heilige Messe in St. Odile: eine freundliche Aufnahme, die besten Plätze für die Gäste; ich wurde eingeladen, mit dem Pfarrer zusammen zu zelebrieren. Und weiter: eine lebendige und schwungvolle Liturgie, ein verständliches und aktuelles Predigtgespräch; ein brüderlicher Friedensgruß; zum Abschluss ein herzliches ›Frohen Sonntag‹ der Banknachbarn. Dann: Gespräche, in der Kirche, vor der Kirche. Ein Glas Wein im Gemeindesaal.

Obwohl übermüdet, obwohl von den Eindrücken dieser Tage überflutet, obwohl zurückhaltende Norddeutsche: Wir waren erfüllt, mitgerissen, begeistert. Anschließend saßen wir in kleinem Kreis noch zusammen bis tief in die Nacht.

›Was war das eigentlich, was uns heute bewegte und erfüllte?‹

›Die Gemeinschaft‹, antwortete jemand. ›Ich wusste mich aufgenommen und getragen.‹ ›Ich bekam einfach wieder Lust auf Neues, Hunger nach Gesprächen, Hoffnung auf morgen‹, sagte ein anderer. Und eine Studentin: ›Ich war glücklich, weil mein Freund neben mir saß. Ich spürte: Wir gehören zusammen.‹ Aber wer nun genau der Urheber, was letzten Endes das auslösende Moment all dieser Erfahrungen sei – das war umstritten und blieb ungeklärt. Diese unbekannte Kraft, dieser lebendige Anstoß, der uns in jenem Gottesdienst begegnete – dafür sagt die Bibel: Sturm Gottes; Feuer der Liebe; Heiliger Geist.

Und sie fährt fort: Dieser Geist ist allen versprochen und im Leben eines jeden Menschen wirksam. Er richtet auf und ermutigt. Er gibt Kraft zur Versöhnung und Erlaubnis zur Freude. Er führt hin zur Gemeinschaft. Er richtet unseren Blick nach vorn.

Dieser Geist verlangt nicht, dass jeder ihn beim Namen nennen könne. Eins aber verlangt er: dass man ihm und seinem Wirken Raum gebe.« (Jacob 2010)

Die Morgenandacht stellt die Frage nach dem Urheber der positiven Erfahrung, die eine Gruppe der Studentengemeinde nach einem langen erlebnisreichen Tag in Paris gemacht hat. Abgehoben von den singulären Erfahrungen der einzelnen Beteiligten möchte der Text die Erfahrung explizieren, erklären, und benennt somit das zu Erklärende : »Was war das eigentlich, was uns heute bewegte und erfüllte?« Die Beteiligten fassen das Erlebnis als *Gemeinschaft*, als *Glück*, was jedoch noch nicht den *Urheber*, das *auslösende Moment* der Erfahrungen war. Dies sei *umstritten*.

Professor Jacob expliziert nun allgemeiner mit Bezug auf die Bibel, die diese erfahrene unbekannte Kraft, also etwas für unser Bewusstsein kaum Fassbares, als »Sturm Gottes«, »Feuer der Liebe« und »Heiligen Geist« bezeichnet. Es wird eine Kraft angenommen, die allen Menschen versprochen ist und Freude ausdrücklich erlaubt.

Neben dem sakralen Wortschatz (*heiliger Geist*, *Sturm Gottes* usw.) zeigt sich der Wortschatz der Institution ›Kirche‹, der auf ein Ereignis im Leben der Mitglieder einer Kirche (*Gemeinde*, *Gottesdienst*, *Pfarrei*, *Liturgie*, *Predigt*) verweist. Die Erklärung basiert auf dem Glauben, dem Rückbezug auf Gott in der Kommunikation und damit auf Sinnschließung / Kontingenzschließung.

Definition

Funktionalstile stellen grundsätzliche Gestaltungsprinzipien (Stilzüge, Stilelemente, Stilprinzipien) für die Kommunikation sozialer Systeme, insbesondere für funktional ausdifferenzierte Teilsysteme der Gesellschaft, dar. Sie resultieren aus der Systemrationalität des sozialen Systems und stehen in Korrelation mit dieser. Für die Autopoiesis des Systems erscheint es erforderlich, dass der Funktionalstil in jeglicher Kommunikation des Systems mitgeführt und reproduziert wird. Aus diesem Grunde kann der Funktionalstil als eine Erwartungs-Erwartung (Konvention) eingeordnet werden. Er entspricht normativen Erwartungen und trägt im beschriebenen Sinne normativen Charakter.

Weiterführende Literatur

Eroms, Hans-Werner (2008): Stil und Stilistik. Eine Einführung. Berlin: Erich Schmidt, 107–174

Riesel, Elise / Schendels, E. (1975): Deutsche Stilistik. Moskau: Verlag Hochschule, 5–45, 292–299

Persuasion in Strategien der Selbst- und Fremdreferenz auflösen

Das Kapitel schließt an die Problematik der Funktionalstilistik an und führt in Luhmanns Konzept der »gepflegten« Semantik ein. Werbung und Nachhaltigkeit haben derartige »gepflegte Semantiken« ausgeprägt, die in der unternehmerischen Kommunikation der Selbst- und Fremdbeobachtung dienen. Anhand von Textanalysen werden sie einander gegenüber gestellt. Es soll verdeutlicht werden, dass mit den Strategien der Selbst- und Fremdbeobachtung, wie sie in Textsorten umgesetzt werden, unternehmerische Kommunikation differenzierter beobachtet werden kann als mit dem Konzept ›Persuasion‹. Zudem werden Nachhaltigkeitsberichte als ›Zweck-Programme‹ bestimmt.

Mit dem folgenden Kapitel soll an die Problematik der Funktionalstile angeschlossen werden. Der Begriff ›Funktionalstil‹ scheint mit dem Phänomen kompatibel – wohl aber nicht gleichzusetzen –, das Luhmann in seinen Bänden zur *Gesellschaftsstruktur und Semantik* die »gepflegte Semantik« nennt. Die »gepflegte Semantik« der Gesellschaft sei »stets diese ›in den Köpfen der Menschen‹ individualisierte Realität« (Luhmann 1993, 18). Es ist das gemeint, »was durch Bezug auf bekannte und vertraute Muster stabilisierbar« (Luhmann 1993, 19) erscheint. Alle benutzbaren Formen, die der Funktion der Stabilisierung dienen, bezeichnet Luhmann als die Semantik einer Gesellschaft, als ihren »semantischen Apparat, ihren Vorrat an bereitgehaltenen Sinnverarbeitungsregeln« (1993, 19). Mit Semantik ist damit ein Sinn gemeint, der situationsunabhängig verfügbar erscheint. Das Adjektiv ›gepflegt‹ verwendet Luhmann dafür, dass »bewahrenswerte Kommunikation eine besondere Variante der Vertextung« entwickelte. Diese »übernimmt zugleich auch die Funktion, die Grenzen des sprachlichen Ausdrucks und die Risiken der Formulierung zu kontrollieren« (1993, 19). Zudem kann die »gepflegte Semantik« nicht von »Bedingungen und Formen der Ausdifferenzierung« abstrahieren, der sie »ihre eigene Aktualisierbarkeit verdankt« (1993, 20). Sie muss sich also auf ausdifferenzierte Systeme der Gesellschaft beziehen lassen.

Selbstreferenz und Selbstbeobachtung

Aus Funden im semantischen Material der Gesellschaft leitet Luhmann das Prinzip der ›Konditionierung der Selbstreferenz‹ ab. Er zeigt, dass »die Einstellung eines Systems auf seine eigene Komplexität« (1993, 307) nicht beliebig ist. Sie erfolge nach einem binären Schema (Code). In die frei operierende Selbstreferenz der Wirtschaft beispielsweise ist der binäre Schematismus / Code ›zahlen / nicht zahlen‹ eingebaut. »Binäre Schematismen können nun ganz generell in ihrer Funktion für selbstreferentielle Systeme begriffen werden als Formen der Sicherung von Anschlußfähigkeit« (Luhmann 1993, 311) an die Kommunikation des eigenen Systems. Das System strebt danach, kommunikative Muster, die seine Komplexität günstig beeinflussen, als »semantische Erfindungen« zu bewahren. Eine komplexitätsgünstige semantische Erfindung ist die Idee der Absatzwerbung, mit der das Wirtschaftssystem Konsumenten für den Code ›zahlen / nicht zahlen‹ konditionieren möchte.

Die »gepflegte Semantik« der Werbung ist jedem bekannt. Kommunizierende in einer modernen Gesellschaft sind so sozialisiert, dass sie durch den beständigen Kontakt mit Werbung auf der Stelle in der Lage wären, einen Werbetext und deren Merkmale zu produzieren oder auch zu reproduzieren. Zu bedenken wären dabei das argumentative Vertextungsmuster, ein Slogan, auffälliger, positiv gewichtender, vom Normalen abweichender und Aufmerksamkeit heischender Sprachgebrauch. Studierende haben in einem Seminar zur Textproduktion Werbetexte reproduziert und gelangten zu den folgenden Ergebnissen. Es sollte für einen Badminton-Schläger geworben werden, der zunächst zur Ansicht bereitgestellt wurde:

Beispiele

»TECHNO PRO: PRO sports – PRO fun – PRO life!

Wenn es Ihnen gleichgültig ist, ob Sie gewinnen oder verlieren,
wenn es Ihnen unwichtig ist, ihre spielerischen Fähigkeiten weiterzuentwickeln und zu optimieren,
wenn Sie sich immer noch auf Ihr Racket aus guten alten Zeiten verlassen,
dann sollten Sie jetzt nicht weiterlesen.

Und wenn nicht?
Dann sollten Sie sich jetzt für den FX3 entscheiden!
Der Sie dabei unterstützt,
Ihre Qualitäten als Spieler zu verbessern,
Ihre Siegesquote zu erhöhen,
die neuesten Errungenschaften der Sportforschung für sich zu nutzen.
Kurz: der neue FX3 erfüllt sämtliche Anforderungen an ein innovatives Sportgerät.
It's your choice.
TECHNO PRO FX3«

Beispiele

»Schon überzeugt?
Gewinnen Sie eine Trainingsstunde mit der amtierenden deutschen Meisterin im Badminton Lieschen Müller und überzeugen auch Sie sich von der Qualität unseres hochwertigen Schlägers ›Cosmo‹! Testen Sie die Vorzüge seines geringen Gewichts und der neuartigen Nylonbespannung im Duell mit einem Profi! Erleben Sie die Aerodynamik des Schlägers und die angenehme und sichere Handhabung des Griffs direkt während des Spiels! Einfach in Ihrem *Best Sporting*-Fachhandel einen Teilnahmeschein ausfüllen und gewinnen! Mit ›Cosmo‹ wird auch für Sie das Training zu einem neuen Erlebnis. Sportliches Vergnügen mit Qualitätsgarantie - ›Cosmo‹ von *Best Sporting*«

Während im ersten Beispiel die WENN-DANN-Struktur zur Einbindung von Problem (»Ich sollte / könnte / müsste besser spielen.«) und strittiger Annahme zur Lösung des Problems (»FX3«) samt entsprechenden Argumenten (z.B. »Qualität als Spieler verbessern«) vertextet wird, geht der zweite Text, der als Erinnerungswerbung konzipiert war, anders vor. Er verbindet die eigentliche Werbung für den Schläger mit der Textsorte ›Gewinnspielkooperation‹. Möglicherweise ist dies der Textproduzentin gar nicht bewusst geworden. Sie nutzt eine relativ neue Textsorte der Kooperation von Medien und Unternehmen, auf Produkte aufmerksam zu machen. Gewinnspielkooperationen finden sich in zahlreichen Zeitschriften und werden der Aufmerksamkeit von Rezipienten und Rezipientinnen nicht entgehen. Die Reproduktion des Textmusters von Gewinnspielkooperationen verbindet sich in dem Textbeispiel mit Merkmalen von Werbetexten. So wird in dem zweiten Beispieltext stärker als in Gewinnspielkooperationen selbst üblich der werbende Aspekt hervorgehoben (vgl. Neumann 2010). In der Linguistik und Textlinguistik verbinden wir die in den Beispieltexten reproduzierte Art der Vertextung mit dem Begriff der Persuasion. Wir haben anscheinend verinnerlicht, dass wirtschaftliche Kommunikation, die dem Code ›zahlen / nicht zahlen‹ folgt, persuasiv, überredend sein muss.

Persuasion

So ist es nicht verwunderlich, dass die Kommunikation des Wirtschaftssystems der Gesellschaft unter Generalverdacht steht, persuasive kommunikative Strukturen zu pflegen. Ob Hotelbeschreibungen in Reisekatalogen, Stellenangebote, Immobilienanzeigen, Geschäftsberichte, Gewinnspielkooperationen, Umweltberichte oder neuerdings Nachhaltigkeitsberichte, eine Nähe zu Werbung wird bei der Betrachtung der genannten Textsorten schnell konstatiert oder die Texte werden gar selbst als Werbetexte eingeordnet. Die Vermutung einer immerwährenden positiven Selbstdarstellung von Unternehmen und der beständige Versuch, Ware in Geld zu verwandeln und zu diesem Zwecke Adressaten zu beeinflussen, zu täuschen, zu überreden, drängt sich unweigerlich auf.

Persuasion gilt im Allgemeinen als »Prozeß oder Methode der Beeinflussung von Menschen hinsichtlich ihrer Meinung, ihrer Einstellung, ihres Handelns« (Lewandowski 1990, 790) mit Hilfe verbaler Mittel. Lewandowski betont weiter, dass es bei Persuasion »nicht um die Vermittlung von Informationen [...] oder die Darstellung von Argumentationen« gehe, sondern um »Sprachsignale, die durch affektiv-konnotative Ausnutzung von Wortbedeutungen und Satzbedeutungen auf eine bestimmte Affektstruktur zielen« (Lewandowski 1990, 790). Persuasive Kommunikation sei dementsprechend eine »überredende Kommunikation« und wird gleichzeitig mit dem »Überzeugen als sprachlich-argumentative Form der Beeinflussung mit dem Ziel, durch Meinungswandel Konsens herzustellen« (Lewandowski 1990, 791) im Sinne der Habermas'schen Kommunikationstheorie beschrieben. Zu beobachten ist, dass in Übereinstimmung mit dem lat. persuādēre »überreden« und »überzeugen« unter den Begriff »persuasiv« subsumiert werden. So in Bußmann: Persuasiv ist die

> »Eigenschaft einer sprachlichen Handlung, durch die der Adressat gegen seinen tatsächlichen oder angenommenen Widerstand von einer Meinung überzeugt oder zu einer Handlung veranlasst werden soll. Gemäß der oft verdeckten appellativen Intention [...] ist p. Sprechen sorgfältig geplant und durch möglichst effektvollen Einsatz sprachlicher Mittel gekennzeichnet« (2002, 508).

Der Begriff scheint insgesamt negativ besetzt zu sein, denn das Konzept ›Persuasion‹ ist gleichfalls aufgeladen von Begriffen wie ›Manipulation‹ oder jedweder Verwendung von sprachlichen Mitteln zur Einstellungs- und Verhaltensbeeinflussung, was sich nun allerdings auch auf argumentative Strukturen des Überzeugens oder gar auf realitätsnahe informative Texte (vgl. Gansel 2008a) überträgt. Die negative Besetzung des Begriffs resultiert zudem aus der Annahme, dass eine direkte persuasive Wirkung im Kopf des Hörers / Lesers zu erwarten ist und mögliche eigentlich ungewollte Anschlusshandlungen folgen.

Inwiefern sprachliche Strukturen ohne die Verortung in ihrem Kontext mit der angedeuteten negativen Konnotation als persuasiv zu deklarieren sind, bleibt also zu fragen. Festzuhalten ist, dass der Begriff ›Persuasion‹ in starkem Maße die Wirkung von Texten fokussiert.

Stärker als in der Linguistik wird in der Kommunikationswissenschaft eine Abgrenzung von Überredung und Überzeugung vorgenommen und auf unterschiedliche Phänomene der Kommunikation bezogen. So sieht Merten Überreden als Funktion und Wirkung von Kommunikation, die in der Mediengesellschaft der Werbung zugeschrieben wird. »Überzeugung gilt als Grundfunktion von Public Relations.« (1999, 261)

So ergibt sich folgendes Bild:

Funktion	*Überredung*	*Überzeugung*
Anwendung	Werbung	Public Relations
Ziel	Ausführung eines singulären Aktes	Erzeugung von Vertrauen
Situation	Hier und Jetzt	Auf lange Zeit
Mentaler Zugriff (Wirkung)	Positiv besetzte Aspekte und Assoziationen betonend	Vertrauensbildend, Glaubwürdigkeit steigernd
Modus	Emotiv	Emotiv / kognitiv
Reflexive Modi (sa.=sachlich, temp.=temporal, soz.=sozial)	Bewertungen (sa.), Erfolg (temp.), Orient. an anderen (soz.)	Bewertungen (sa.), Erfolg (temp.), Orient. an anderen (soz.)

Tab. 18: Abgrenzung Überreden und Überzeugen (Merten 1999, 261)

Zu fragen bleibt also, ob mit einer vorschnellen Verwendung des Begriffes ›Persuasion‹ nicht eine Vorverurteilung von Texten der Wirtschaftskommunikation oder zumindest eine einseitige Bewertung von Texten und ihren Produzenten vorgenommen wird. Kann mit dem Begriff überhaupt annähernd erfasst werden, welche komplexe Aufgabe vor der Wirtschaft, vor Unternehmen steht, wenn sie mit ihren Rezipientenkreisen und in ihrem Selbstverständnis kommunizieren?

Werbung

Das wohl prototypische, mit potenzieller persuasiver Wirkkraft (Überredung) ausgestattete Kommunikat des Wirtschaftssystems ist die Werbeanzeige (Werbetext, Enthymenargumentation usw.). Sie folgt der Systemrationalität des Wirtschaftssystems und seiner erforderlichen Selbstbeobachtung und Selbstreflexivität, wie sie von Luhmann beschrieben wird und sich in der ›gepflegten Semantik‹ der positiven Selbstdarstellung niederschlägt.

> »Die Ausdifferenzierung von sozialen Systemen erfordert die Schließung eines selbstreferentiellen Verweisungszusammenhangs für alle Operationen des entsprechenden Systems. Bei allem, was wirtschaftlich geschieht, also der Wirtschaft als System zurechenbar ist, muß demnach Selbstreferenz mitlaufen. Die Kommunikationen der Wirtschaft müssen sich als wirtschaftlich ausweisen, damit man sie nicht falsch interpretiert [...] sie müssen, was immer sie sonst leisten, immer auch das Wirtschaftssystem selbst reproduzieren.« (1994, 15)

Als Letztelement des Wirtschaftssystems sieht Luhmann Zahlungen, die über besondere Eigenschaften verfügen. Sie sind »zeitpunktgemäße Ereignisse«. Einmal erfolgt, sind sie für den speziellen Fall auch erledigt und das System muss »für immer neuere Zahlungen sorgen« (Luhmann 1994, 17). Für immer wieder neue Zahlungen muss motiviert werden.

So kann Werbung als prototypische Form der Kommunikation des Wirtschaftssystems gelten, deren Funktion darin besteht, den Code ›zahlen / nicht zahlen‹ zu befördern, ihn anzuregen oder anzubahnen. Als wichtige Form, in der die entsprechende Semantik umgesetzt wird, hat sich die Textsorte ›Werbeanzeige‹ herausgebildet. Dies scheint hinlänglich bekannt, wie es die Textproduktionsbeispiele gezeigt haben. Die Erfahrung ist: Werbung dient der Überredung, stimuliert zur Kaufentscheidung und letztlich zur Zahlung. Dabei arbeitet sie mit spezifischen positive Bewertungen mitführenden Mitteln, die geeignet sind, Einstellungen emotiv, kognitiv und **konativ** zu beeinflussen. Dessen sind sich Rezipienten von Werbung durchaus bewusst.

Positive Selbstreferenz und Selbstbeobachtung des Wirtschaftssystems orientiert sich nicht nur auf die Produktdarstellung und -bewerbung, sondern natürlich gleichfalls auf das positive Image des Unternehmens. Es ist bestrebt, möglichst in jeder Kommunikation des Systems die positive Selbstdarstellung zu reproduzieren, um dem Sinn des Codes des Wirtschaftssystems zu entsprechen. Stellenangebote beginnen mit einer Selbstdarstellung des Unternehmens, teilweise sogar mit einer tolerierten Produktwerbung (Gansel 2007). Pressemitteilungen der Unternehmen erfahren zur Veröffentlichung in den Medien eine Anpassung an die Sinnverarbeitungsregeln des Journalismus (z.B. **Nachrichtenfaktoren**, nach denen die Selektion von Informationen erfolgt), indem werbliche Elemente zum Teil von den Redaktionen entfernt werden. Schmerzliche Erfahrungen musste das Tourismussystem in den vergangenen 40 Jahren hinnehmen. Dominant werblich gestaltete Reisekataloge führten zu Diskrepanzen zwischen Beschreibung und Verhältnissen am Reiseziel und letztlich zu Reklamationen, die eine starke Reflexivität des Systems in Hinblick auf eine Überprüfung kommunikativer Strategien nach sich zogen. Maxime ist es geworden, Texte in Reisekatalogen *nicht* als Werbetexte zu strukturieren, sondern informative Texte mit realitätsnahen Darstellungen der Tourismusobjekte zu präferieren, deren Funktion es ist, strukturelle Kopplungen anzubahnen (also Zahlung / Nicht-Zahlung), indem sie Kontingenz (Wahlmöglichkeiten) regulieren (s. auch Kap. 5; vgl. Gansel 2008b).

Die angedeutete Selbstbeschreibung des wirtschaftlichen Systems operiert also in einem spezifischen Code, der darauf wirkt, dass Kommunikationen, die ökonomischen Gesichtspunkten verpflichtet sind, eine Betonung des Positiven präferieren müssen.

Visuelle Semantik

Die ›gepflegte Semantik‹ der Werbung wird nicht nur verbal umgesetzt, sondern ebenso mit Hilfe von Bildern. Nicht nur verbale, sondern auch visuelle Semantiken, auf denen Selbst- und Fremdbeschreibungen von Systemen beruhen, sind »hochgradig anschlussfähig« (Stäheli 2007, 84). Gerade in der Werbung zeigen sich derartige visuelle Selbstbeschreibungen oder Selbstbilder, die Stäheli (2007) am Beispiel der Finanzökonomie kategorisiert. Neben anderen leitet Stäheli die Dimensionen der

»Evidenzeffekte« und der »Interaktionsbilder für Funktionssysteme« aus Beispielen der Werbung der Finanzökonomie ab:

Evident ist etwas, wenn es einleuchtet und andere Möglichkeiten ausschließt. Evident ist das Offenkundige, dass nicht weiter zu erläutern ist. Dies wird durch »Anschaulichkeit und Augenscheinlichkeit« (Stäheli 2007, 81) bestimmt. In der Finanzwerbung, so arbeitet Stäheli heraus, »wird häufig auf ein naturalisiertes ikonographisches Repertoire zurückgegriffen« (2007, 81). So werden beispielsweise Kurskurven naturalisiert. Die ARD nutzt zur Ankündigung ihrer abendlichen Börseninformation ein sich in Zick-Zack-Kurven nach oben reckendes Glückskleeblatt. Mit diesem Bild wird suggeriert, dass Börsenwerte so natürlich steigen, wie eine Pflanze zum Licht hin wächst. Stäheli meint, dass Evidenz über die Selbstverständlichkeit des Bildes ihre Wirkung entfaltet. Entsprechend platziert die Sarasin-Bank einen Werbetext zu ihrem »Sarasin Oekosar Portfolio« vor dem Hintergrund einer den Berghang in wohlgeformter Zick-Zack-Kurve aufsteigenden Tannenkette (vgl. Stäheli 2007, 82).

»Interaktionsbilder« in der Werbung zeigen Anlageberater mit Anlegern im Gespräch oder Anlageberater als freundliche Menschen mit Namen und Filiale präsentiert, die aus dem Bild auf uns zugehen (z.B. Werbeanzeige der Commerzbank in Der Spiegel Nr. 29 2010, S. 9). Dies sind Bilder, mit denen sich die Finanzökonomie selbst positiv darstellt.

Fremdreferenz und Fremdbeobachtung

Autopoiesis eines sozialen Systems wie die des Wirtschaftssystems bedeutet jedoch nicht nur Selbstbeschreibung und Selbstbeobachtung, sondern schließt **Fremdbeobachtung** und **Fremdreferenz** mit ein. »Geschlossene Systeme sind nur als offene Systeme möglich, Selbstreferenz kommt nur in Kombination mit Fremdreferenz vor.« (Luhmann 1994, 15)

Die negativen Folgen wirtschaftlicher Unternehmungen sind insbesondere seit den 1990er-Jahren verstärkt der Fremdbeobachtung ausgesetzt. Die Fremdbeobachtung – um es verkürzt darzustellen – mündet in das Konzept der Nachhaltigkeit, mit dem wirtschaftliche Selbstreferenz erheblich gestört wird. Die Kopplung von Selbst- und Fremdreferenz erfordert nun, durch die Bezugnahme auf sich selbst Bezug auf das andere, die Störung aus der Umwelt (Nachhaltigkeitskonzept), zu nehmen.

Nachhaltigkeit gilt als Leitbild unserer Zeit. Politik, Umwelt- und Verbraucherverbände, Wirtschaftsunternehmen jeglicher Branche bis hin zum einzelnen Konsumenten haben sich nachhaltiges Handeln zum Ziel gesetzt. Die Wirtschaft sieht Nachhaltigkeit als dreidimensionales Konzept, das Ökologie, Wirtschaftlichkeit und Soziales in die Betriebsführung integriert.

Verweigern sich Unternehmen Werten wie sozialer Gerechtigkeit und ökologischem Verantwortungsbewusstsein, geraten sie in den Fokus öffentlicher Kritik, erleiden Image-Schäden, die zu Einbußen bis hin zur Geschäftsaufgabe führen können.

Nachhaltiges Wirtschaften ist für viele Unternehmen eine Selbstverständlichkeit geworden. Neu für die Unternehmen ist allerdings der Versuch, über nachhaltiges Wirtschaften zu berichten und damit im Unternehmen selbst und der Öffentlichkeit gegenüber Rechenschaft abzulegen. Dies erfolgt im Rahmen einer relativ neuen Textsorte – im *Nachhaltigkeitsbericht.* Davon auszugehen, dass es sich um eine Textsorte handelt, lässt sich in mehrfacher Hinsicht begründen:

- Das System ›Wirtschaft‹ kann auf bereits vorher erstellte und etablierte Umwelt- und Sozialberichte zurückgreifen und hat eine spezifische Benennung für den sich auf das Konzept ›Nachhaltigkeit‹ beziehenden Bericht etabliert.
- Das System ›Wirtschaft‹ arbeitet mit den Nachhaltigkeitsberichten, es existiert eine Diskussion über Kriterien im Rahmen des Rankings von Nachhaltigkeitsberichten.
- Zur Nutzung von Nachhaltigkeitsberichten als Instrumente der Wirtschaftskommunikation wurde bereits systemintern aufgerufen. Unternehmen, die mit der Erstellung und Veröffentlichung von Nachhaltigkeitsberichten beispielhaft vorangehen, erwarten mehr Transparenz und Entscheidungssicherheit für das eigene Unternehmen.

Definition

Nachhaltigkeitsberichte sind freiwillige Unternehmensberichte, die offen über die relevanten, vom Unternehmen ausgehenden ökologischen und sozialen Probleme und die ergriffenen Maßnahmen berichten. Sie sind also eine Form gesellschaftsorientierter Unternehmenskommunikation. Der Nachhaltigkeitsbericht verbindet Umwelt- und Sozialbericht (ökologisch-ökonomische Themen: Abfall, Abwasser, Emissionen, Energieverbrauch; sozial-ökonomische Zusammenhänge: geschlechtliche und ethnische Gleichberechtigung, Arbeitszufriedenheit der Mitarbeiter, Kinderarbeit) und wird auf freiwilliger Basis von Kommunikationsexperten der unternehmerischen Öffentlichkeit erstellt. Er ist an gesellschaftliche Anspruchsgruppen, die in verschie-

dener Weise vom Unternehmen beeinflusst werden bzw. mit ihm in Beziehung stehen (Mitarbeiter, Kunden, Investoren), gerichtet. Er wird als *Zweckprogramm* zur Selbst- und Fremdbeobachtung von Unternehmen gewertet, das die drei Säulen nachhaltigen Wirtschaftens – Ökonomie, Ökologie und Soziales – reflexiv behandelt. Seine ›gepflegte Semantik‹ ist nicht die der Werbung.

Im folgenden Abschnitt wird zu fragen sein, wie es Unternehmen gelingt, die Störung ›Nachhaltigkeit‹, also die Fremdbeobachtung durch die Gesellschaft in die Gestaltung des Nachhaltigkeitsberichtes einzubeziehen. Werbung kann dazu als Textmuster nicht greifen.

Umstellung von Werbung auf Nachhaltigkeit

Anhand von ersten Nachhaltigkeitsberichten des Tourismusunternehmens AIDA Cruises lässt sich zeigen, wie schwer es Unternehmen fällt, von Überredung und überschwänglicher positiver Selbstdarstellung (Werbung) auf Überzeugung und die Vermittlung von Glaubwürdigkeit (PR) umzustellen. Sachlichkeit und Glaubwürdigkeit, Wahrheit und Wesentlichkeit, nachvollziehbare Argumentationen, Klarheit und Verständlichkeit (einfache Sprache, Grafiken) sind die Stilprinzipien und damit Anforderungen, die an die Gestaltung von Nachhaltigkeitsberichten gestellt werden.

Damit ein Nachhaltigkeitsbericht als Informationsbasis für einen kritischen Stakeholder-Dialog, Unternehmensgespräche, Diskussionsforen oder ›Runde Tische‹ zwischen Verbänden, Nichtregierungsorganisationen, Bürgerinitiativen oder Nachbarschaftsräten dienen kann, muss er wahr, wesentlich, vollständig und nachvollziehbar sein. Er ist für die Gesellschaft ein Instrument der zivilgesellschaftlichen Kontrolle von Unternehmen, ein Steuerungsinstrument, und dient den Unternehmen zur Selbstkontrolle. Wenn also ein Nachhaltigkeitsbericht den genannten Merkmalen entspricht, kann er als glaubwürdig eingeschätzt werden.

Glaubwürdigkeit gilt als ein wesentliches Merkmal von Nachhaltigkeitsberichten. Sie konstituiert sich somit im Kommunikationsprozess und wird einem Kommunikator über sein Kommunikat zugeschrieben, wie Bentele definiert:

> »Glaubwürdigkeit lässt sich bestimmen als Eigenschaft, die Menschen, Organisationen oder deren kommunikativen Produkten (mündliche oder schriftliche Texte, audiovisuelle Darstellungen) von jemandem (Rezipienten) in Bezug auf etwas (Ereignisse, Sachverhalte usw.) zugeschrieben wird.« (1988, 408)

Glaubwürdigkeit betrifft die Wirkung sprachlicher Kommunikation, sie ist kein Stil, sondern ein Effekt, der sich durch die Wirkung verschiedener sprachlich-stilistischer Mittel einstellt (vgl. Ostermann 1999, 43). Welche sprachlichen Mittel dies sein können, ist allerdings noch recht unerforscht. Einen ersten Ansatz bietet Reinmuth in seiner Dissertation (2006). Die in Rede stehenden sprachlichen Mittel bezeichnet er als **linguistische Glaubwürdigkeitsindikatoren**, die er aus der Glaubwürdigkeitsforschung abgeleitet hat. So ist die Verwendung werblicher Sprache Indikator für »offensichtliche Interessengebundenheit« und »Kanaldiskrepanz« und folgt dem Konzept »Überreden«. Im Nachhaltigkeitsbericht muss auf das Konzept ›Überzeugen‹ umgestellt werden. Er ist ein auf lange Sicht anzulegendes Instrument, das Vertrauen in die Wirtschaft und in die Umsetzung des Nachhaltigkeitskonzepts erzeugen soll, und dies nicht nur über eine emotionale Gestaltung, sondern über eine kognitiv-überzeugende.

Anhand des Vergleichs der Vorworte der Nachhaltigkeitsberichte von AIDA Cruises 2007, 2009 und 2010 soll angedeutet werden, welche Semantik die nachweisbaren Glaubwürdigkeitsindikatoren transportieren. Der Nachhaltigkeitsbericht von 2007 wurde im Ranking negativ bewertet, es ist also auf Veränderungen in den Jahren 2009 und 2010 zu achten. Es geht um die Frage, welche Glaubwürdigkeitsindikatoren in den Berichten verletzt bzw. beherzigt werden.

Beispiele

Vorwort AIDA 2007

»Sehr geehrte Damen und Herren,

zügiges Wachstum durch ständige Innovationen – dafür steht unser Unternehmen AIDA Cruises. Unser Markt bietet viel Potenzial, denn hier wird ein Segment der deutschen Tourismusindustrie völlig neu ausgerichtet. Wir sind in diesem neuen Marktsegment führend, da wir die Chancen, die sich bieten, konsequent ergreifen und nutzen. Außerdem schaffen wir es, unsere Gäste immer wieder zu begeistern und permanent neue Trends zu entwickeln. Damit bestimmen wir die Entwicklung unseres Marktes wesentlich mit. Zusammengefasst: AIDA Cruises hat das richtige Geschäftsmodell in einem Markt mit hohem Wachstums- und Ertragspotenzial. Die Strategie stetigen Wachstums verpflichtet: Wir setzen uns immer intensiver damit auseinander, wie wir mit den uns anvertrauten Ressourcen umgehen. Wir stehen immer mehr im Fokus der Öffentlichkeit, die von uns ein in jeder Hinsicht beispielhaftes Verhalten erwartet.

Unser erster Corporate Responsibility Report zeigt, dass verantwortungsvolles Handeln unsere Kultur und unser Marktverständnis prägt. Gern nehmen wir jederzeit Ihre Anregungen zu allen in diesem Bericht angesprochenen Themen auf – AIDA cares!

Mit herzlichem Gruß
Ihr Michael Thamm, President AIDA Cruisis«

Beispiele

Vorwort AIDA 2009
»Sehr geehrte Damen und Herren, liebe AIDA Freunde,
es ist mir eine Freude, Ihnen unseren Nachhaltigkeitsbericht 2009 zu präsentieren. In der zweiten Ausgabe von AIDA cares blicken wir mit Ihnen auf unsere bereits erreichten Ziele und auf die anspruchsvollen Herausforderungen der Zukunft. Anhand konkreter Daten und Fakten belegen wir nachvollziehbar, wie wir als Marktführer unserer besonderen sozialen und ökologischen Verantwortung gerecht werden. Transparenz schafft Vertrauen – sowohl innerhalb unseres Unternehmens als auch im Fokus der Öffentlichkeit.
Der Erfolg und das Wachstum von AIDA Cruises sind nur im Einklang mit Gesellschaft und Umwelt möglich. Wir möchten, dass auch die nachfolgenden Generationen die Wunder der Erde entdecken können. Dafür engagieren wir uns weit über gesetzliche Standards hinaus und setzen weltweit Maßstäbe – im nachhaltigen Schutz der Natur, in der sorgsamen Nutzung von Ressourcen und im verantwortungsbewussten Umgang mit unseren Gästen, Mitarbeitern und Partnern. Sie alle sind Teil der großen AIDA Familie. An dieser Stelle möchte ich Ihnen herzlich danken – unseren vielen Gästen für ihre ansteckende AIDA Begeisterung, unseren Mitarbeitern aus 25 Nationen für ihr tägliches Engagement und unseren weltweiten Partnern für die vertrauensvolle Zusammenarbeit. Ich freue mich, mit Ihnen allen Kurs auf neue Ziele und spannende Herausforderungen zu nehmen.
Liebe Leserinnen und Leser, bleiben Sie neugierig und hinterfragen Sie uns. Jede Anregung von Ihnen ist pure Motivation für uns – AIDA cares!

Ihr Michael Thamm, President AIDA Cruises«

Beispiele

Vorwort AIDA 2010
»Sehr geehrte Damen und Herren, liebe AIDA Freunde,
ich freue mich sehr, Ihnen unseren aktuellen Nachhaltigkeitsbericht präsentieren zu dürfen. Bereits zum dritten Mal dokumentieren wir damit, wie wir

unserer ökonomischen, ökologischen, sozialen und kulturellen Verantwortung gerecht werden und unsere Ziele konsequent verfolgen. Gemeinsam mit Ihnen möchten wir auf das zurückliegende Jahr blicken und gleichzeitig den Blick nach vorne richten.
Im Jahr 2009 haben wir unseren Erfolgskurs fortgesetzt. Das verdanken wir auch Ihnen! Wir konnten über 400.000 Gäste für die Faszination AIDA begeistern, wir haben neue Destinationen ins Programm aufgenommen, unser sechstes Schiff AIDAluna getauft und große Fortschritte im Umweltschutz gemacht. Die Basis für unseren Erfolg sind ethisch korrektes Handeln und unser Verständnis, weit über gesetzliche Standards hinaus Verantwortung zu übernehmen.
Die Kreuzfahrt lebt von einer intakten Natur und dem reichen kulturellen Erbe unserer Welt. Deshalb setzen wir uns auch in Zukunft leidenschaftlich dafür ein, die Schönheit der Meere und der Erde für unsere Gäste und nachfolgende Generationen zu erhalten. AIDA cares!
Für die kommenden Jahre haben wir uns ganz klar zum Ziel gesetzt, unsere nachhaltigen Strategien und Maßnahmen noch transparenter und nachvollziehbarer zu gestalten. Was wir uns für die nächsten Jahre vorgenommen haben, erfahren Sie von Hansjörg Kunze, Director Corporate Marketing & Communications, auf Seite 8.
Liebe Leserinnen und Leser, ich möchte Sie ausdrücklich dazu ermuntern, uns Ihre Anregungen und Wünsche mitzuteilen.

Ihr Michael Thamm
President AIDA Cruises«

Im Vergleich der drei Vorworte werden die Glaubwürdigkeitsindikatoren ›Übergeneralisierung und Übertreibung vermeiden!‹ und ›Ähnlichkeit zwischen Kommunikator und Rezipient herstellen!‹ augenscheinlich in unterschiedlicher Weise berücksichtigt. Das Vorwort des Nachhaltigkeitsberichts von 2007 folgt in der sprachlichen Gestaltung einer dem Code ›zahlen / nicht zahlen‹, wie er für das Wirtschaftssystem herausgestellt wurde, äquivalenten Form. Dies ist nachweisbar in hyperbolisch gebrauchten, intensivierenden Adjektiven und **Hochwertwörtern** und **Plastikwörtern**, die den dominierenden Unternehmensbezug herstellen und das Unternehmen wie in einem Werbetext oder im Wir-sind-Teil eines Stellenangebots positiv darstellen: *zügiges Wachstum, ständige Innovation, völlig neu ausgerichtet, neues Marktsegment, permanent neue Trends, bestimmen Entwicklung unseres Marktes wesentlich, das richtige*

Geschäftsmodell mit hohem Wachstums- und Ertragspotenzial, Strategie stetigen Wachstums.

Im Vorwort des Berichts 2009 finden sich derartige hyperbolisch positive Bewertungen des Unternehmens gar nicht. Vielmehr wird hier bereits auf das Nachhaltigkeitskonzept in seinen drei Säulen sowie auf die Anforderungen an einen Nachhaltigkeitsbericht Bezug genommen: ökonomisch – *Erfolg, Wachstum*, ökologisch – *im Einklang mit Gesellschaft und Umwelt, Wunder der Erde, nachfolgende Generationen, nachhaltiger Schutz der Natur*, sozial – *verantwortungsbewusster Umgang mit unsren Gästen, Mitarbeitern und Partnern.*

Im Vorwort von 2009 wird deutlich, welchen sozialen Sinn die Darstellungen im Nachhaltigkeitsbericht transportieren sollen, nämlich dass das Unternehmen sich der Selbst- (*innerhalb unseres Unternehmens*) und Fremdbeobachtung (*im Fokus der Öffentlichkeit*) bewusst ist. Die Darstellung solle von daher auf *konkrete Daten und Fakten* eingehen, die *nachvollziehbar belegen*, also begründen. Man ist sich der Tatsache bewusst, dass *Transparenz Vertrauen* schaffen kann.

Dem Glaubwürdigkeitsindikator ›Ähnlichkeit zwischen Kommunikator und Rezipient herstellen!‹ wird das Vorwort von 2007 nicht gerecht. Die Pronomen *wir* und *unser* kennzeichnen einen einseitig dominierenden Unternehmensbezug. Im Vorwort 2009 hingegen kennzeichnen Pronomen, Rezipientenansprache und sprachliche Handlungen der Aufforderung Nachhaltigkeit als gemeinsame Aufgabe: *mir, Ihnen, wir, mit Ihnen, unsere, nachfolgende Generationen, mit unseren Gästen, Mitarbeitern und Partnern, Familie, mit Ihnen allen, bleiben Sie neugierig, hinterfragen Sie uns.*

Die auf Glaubwürdigkeit ausgerichtete Darstellungsweise wird im Vorwort des Nachhaltigkeitsberichts von AIDA Cruises des Jahres 2010 fortgesetzt und weiter ausgefeilt. Noch expliziter wird auf Transparenz und Nachvollziehbarkeit Bezug genommen – *Strategien und Maßnahmen noch transparenter und nachvollziehbarer zu gestalten.* Der Abschlusssatz entfernt sich noch einmal mehr von Formelhaftigkeit und Slogan, wenn es heißt »*ich möchte Sie ausdrücklich dazu ermuntern, uns Ihre Anregungen und Wünsche mitzuteilen*«. Der Slogan des Unternehmens *AIDA cares!* erscheint im Vorwort 2010 an passender Stelle, nämlich dort, wo es um die ökologische Säule des Nachhaltigkeitskonzepts geht. Im Vorwort 2009 bildet der Slogan noch die Abschlusssequenz des Abschlusssatzes.

In ähnlicher Weise ließen sich auf der Grundlage der Glaubwürdigkeitsindikatoren weitere Abschnitte der Nachhaltigkeitsberichte von AIDA Cruises im Vergleich betrachten und die Umstellung von Werbung auf das Konzept ›Nachhaltigkeit‹ würde deutlich werden.

Was kann aus den Befunden geschlussfolgert werden?

Das Nachhaltigkeitskonzept führt in der Unternehmenskommunikation zu einer Textsorte ›Nachhaltigkeitsbericht‹ und zur Reflexion über die Gestaltung dieser Textsorte im Wirtschaftssystem. Der Nachhaltigkeitsbericht ist keine Werbung, sondern stellt auf eine andere Semantik um, deren Kern Transparenz, Nachvollziehbarkeit und Wahrheit bedeutet. Die Produktion glaubwürdiger Nachhaltigkeitsberichte ist die Folge und damit ebenso – so die Vermutung – eine ernstzunehmende Auseinandersetzung mit den Folgen unökologischen und unsozialen Wirtschaftens. Zu überprüfen ist, ob die hier angedeutete Strategie glaubwürdiger Kommunikation sich ebenso auf andere Texte der Unternehmenskommunikation auswirkt (z.B. Internetauftritte, Weblogs von Unternehmen). Gerade Internetauftritte oder Weblogs von Unternehmen sind einer breiten Öffentlichkeit und damit der Fremdbeobachtung zugänglich. Die Auseinandersetzung mit dem Nachhaltigkeitskonzept kann beobachtet und z.B. in einem Weblog-Kommentar hinterfragt werden. Irritationen für die Unternehmen werden nicht ausbleiben und regen somit zu beständiger Reflexivität an.

Definition

Werbung und Nachhaltigkeit(sberichte) sind Programme des Wirtschaftssystems, die für bestimmte Kommunikationen konditionieren (Selbst- und Fremdbeobachtung), Regeln des Kommunizierens und letztlich eine ›gepflegte Semantik‹ vorgeben, die sich in sprachlichen Formen niederschlägt und in die Kommunikation der Gesellschaft insgesamt ausstrahlt (z.B. auf einer Internetseite der Commerzbank: *nachhaltige Produkte und Dienstleistungen; Projektfinanzierungen entlang der gesamten Wertschöpfungskette ›Erneuerbarer Energien‹*).

Weiterführende Literatur

Gansel, Christina (2011): Sprachliche Reflexivität in Nachhaltigkeitsberichten In: Ehrhardt, Horst Galgon, Elke (Hg.) Sprache und Kreativität, Frankfurt/M.: Lang, 41–55

Luhmann, Niklas (1993): Gesellschaftsstruktur und Semantik. Studien zur Wissenssoziologie der modernen Gesellschaft. Band 1. Frankfurt/M.: Suhrkamp (stw 1091)

Luhmann, Niklas (1994): Die Wirtschaft der Gesellschaft. Frankfurt/M.: Suhrkamp (stw 1152)

Stäheli, Urs (2007): Die Sichtbarkeit sozialer Systeme: Zur Visualität von Selbst- und Fremdbeschreibungen. In: Soziale Systeme 13, 70–85

8

Textsorten und Evolution

Am Beispiel der Textfamilie ›Kontaktanzeigen‹ geht das folgende Kapitel der Entwicklung von Textsorten nach. In diesem Abschnitt erfolgt der Wechsel von der synchronen Perspektive hin zur diachronen Betrachtung von Textsorten. Dies kann natürlich nur exemplarisch erfolgen. Für die Beobachtung der Entwicklung von Kommunikation und damit von Textsorten wird Luhmanns Evolutionstheorie herangezogen, in der die Verfahren der Evolution ›Variation‹, ›Selektion‹ und die Funktion ›Restabilisierung‹ erklärt werden. Diese erscheinen gleichfalls auf Textsorten anwendbar und bringen die Beziehung von Textmustern und Irritationen in den Blick.

In den vorausgegangenen Kapiteln wurden Textsorten synchron beobachtet, d.h. in ihrer aktuellen Existenz und bezüglich ihrer Etablierung in der Kommunikation von sozialen Systemen als Strukturen. Allerdings wurde bereits auf die Tatsache verwiesen, dass Textsorten mit der historischen Entwicklung von sozialen Systemen, vor allem den Funktionssystemen (vgl. Kapitel 5: wissenschaftlicher Artikel – Wissenschaft, Pressemitteilung – PR) eng verbunden sind. Textsorten konstituieren sich zu irgendeinem Zeitpunkt in der Evolution der Kommunikation eines sich bildenden sozialen Systems, sie entwickeln sich weiter und sind von Veränderungen betroffen. Die historischen Entwicklungsstufen von Textsorten der Eisenbahn des 19. Jahrhunderts beschreibt Fleskes (1996, 214) sehr treffend mit den Begriffen ›Akzeptanz‹ und ›Etablierung‹, ›Normierung‹ und ›Standardisierung‹, ›Differenzierung‹ und ›Spezialisierung‹, ›Memorierung‹ und ›Kontrolle‹. Textsorten müssen sich also zunächst erst einmal als Lösungsstrategien für spezifische kommunikative Aufgaben in einem gesellschaftlichen Bereich mit spezifischer Funktion durchsetzen, müssen sich etablieren. Haben sie dies geschafft, arbeiten Textproduzenten an ihrer Gestalt und entwickeln eine standardmäßige Ausprägung, d.h. ein produktives Muster, das reproduziert (memoriert) und immer wieder auf Funktionserfüllung hin kontrolliert werden kann. Erfüllen sie ihre kommunikative Funktion innerhalb des sozialen Systems, sind sie immer auch der Reflexivität des Systems ausgesetzt und erfahren durch das Wirken psychischer Systeme (Textproduzenten), die in das System integriert sind, Variation, d.h. sie werden differenzierter in ihrer Form oder auch spezialisierter.

Die von Fleskes (1996) ermittelten Kategorien für die Entwicklung von Textsorten eines spezifischen Bereichs des Verkehrswesens lassen sich sehr gut mit der **Evolutionstheorie** Luhmanns verbinden. Diese bietet eine produktive theoretische Fundierung dafür, Textsorten in diachroner Perspektive, also in ihrer Entwicklung, zu erfassen.

In *Die Gesellschaft der Gesellschaft* (1998) sagt Luhmann nicht nur, dass Gesellschaft Kommunikation ist, sondern er sagt auch: »Gesellschaft ist das Resultat von Evolution.« (1998, 413) Gesellschaft ist somit gleichfalls das Resultat der Evolution von Kommunikation. »Seitdem es Sprache gibt«, so Luhmann weiter, »(hat) die Menge der kommunikativen Ereignisse zugenommen« (1998, 416) und diese trägt somit zur Konstituierung von Gesellschaft bei. Mit seiner Evolutionstheorie möchte Luhmann »Strukturveränderungen« der Gesellschaft erklären, z.B. solche von der **stratifizierten Gesellschaft** zur **modernen Gesellschaft** des ausgehenden 18. Jahrhunderts, in der sich Funktionssysteme ausbilden. Deshalb geht es ihm zufolge bei der Evolutionstheorie um eine »Theorie des geschichtlich einmaligen Aufbaus von Systemen« (1998, 416).

Da soziale Systeme kommunizieren, müssten die Verfahren der Evolution ›Variation‹, ›Selektion‹ und ›(Re)Stabilisierung‹, mit denen Luhmann Strukturveränderungen erklärt, gleichfalls auf kommunikative Strukturelemente wie Textsorten angewendet werden können. Sie erscheinen also gleichfalls sinnvoll im Zusammenhang mit einer diachronen Perspektive auf Textsorten. Die drei Verfahren sollen im Folgenden kurz erläutert werden.

Nach Luhmann ist gesellschaftliche Evolution nur von einer gewissen Stabilität eines Zustandes her zu denken, an der das Ereignis der ›Variation‹ ansetzen kann. Nehmen wir an, es hat einmal den Fall gegeben, dass jemand eine Topfpflanze gegessen hat und daran erkrankte. Der Produzent der Topfpflanze wurde verklagt, weil nicht ausdrücklich auf die Folgen des Verzehrs der Pflanze verwiesen wurde. Alle Topfpflanzenproduzenten stehen nun vor dem Problem, einen derartigen Vorfall nicht wieder eintreten zu lassen. Es muss verhindert werden, dass Topfpflanzen wie Orchideen oder Palmen von den Käufern verzehrt werden. Es könnte eine negative ›Selektion‹ erfolgen, indem die Produktion von Topfpflanzen verboten würde. Dies wäre unsinnig. Eine positive Selektion muss in die Struktur des Systems, hier des Wirtschaftssystems, eingebaut werden. Dies erfolgt, indem das Pflanzenetikett die Zusatzinformation trägt »Zur Dekoration und nicht zum Verzehr bestimmt.« Das Schema des Textes auf dem Pflanzenetikett ist so verändert worden, dass neben den Hinweisen zur Pflege der Pflanzen eine zusätzliche Handlungsaufforderung integriert wurde. Die Textsorte bleibt dennoch erhalten, es ist keine neue Textsorte entstanden. Mit dieser Information können Topfpflanzen weiterhin veräußert werden und der wirtschaftliche Bereich, der Topfpflanzen vertreibt, »restabilisiert« sich wieder. Die ›Restabilisierung‹ bildet den Abschluss einer derartigen Evolutionssequenz.

Merksatz

Die Verfahren der Evolution (Variation, Selektion, (Re)Stabilisierung) lassen sich an Textsorten nachweisen. Variation kann an einem bereits bestehenden Schema / Textmuster ansetzen, wenn es die Kommunikationsbedingungen erfordern. Eine abgewandelte Struktur, die neuen Bedingungen Rechnung trägt, bedeutet eine Strukturselektion, die die Kommunikation wieder stabilisiert.

Mit dem Begriff ›Schema‹ gerät ein weiterer textsortenlinguistischer Begriff in den Blick, und zwar der des Textmusters. Während Textsorten als Strukturen der Kommunikation sozialer Systeme erklärt wurden, sollen Textmuster in der Handhabung durch psychische Systeme (Textproduzenten) beobachtet werden.

Definition

Textmuster stellen kein Phänomen klassifikatorischer oder beschreibungstheoretischer Art dar, sondern ihre Beschreibung und Erklärung zeigt die Fähigkeiten kompetenter Sprecher auf, heuristisch Strukturen für die Produktion von Texten zur Lösung bestimmter kommunikativer Aufgaben auszuprobieren, bereitzustellen und diese dann zu festigen, zu konventionalisieren, um sie dann wiederum zu variieren (s. auch Ehlich / Rehbein 1979, 250).

Der Begriff ›Textmuster‹ wird in der Textlinguistik zum Teil mit dem Begriff ›Textsorte‹ gleichgesetzt. Dies soll hier nicht geschehen. Wir greifen Bestimmungen auf, die Textmuster als kognitive Schemata charakterisieren, als Musterwissen, als globale oder lokale Textmuster (Heinemann / Heinemann 2002) oder Stilmuster (Fix 2007). Beckmann und König äußern ihr Erstaunen darüber, dass »der Frage nach der Veränderbarkeit von Textmustern nur wenig Aufmerksamkeit gewidmet und die Frage ihrer

Entstehung nahezu vollständig ausgeblendet wird« (1995, 2). Sie skizzieren die Entstehung des Textmusters der Textsorten ›Heirats- bzw. Partnergesuch‹. Heirats- und Bekanntschaftsanzeigen sind wissenschaftlich sehr gut untersucht. Inhaltsanalytische und textlinguistische Publikationen können sich auf historische Texte stützen, die den Beginn der Heiratsanzeige und die Seriosität der Suche eines Partners oder einer Partnerin markieren. Der folgende Text wird deshalb häufig zitiert (s. z.B. Kaupp 1968, 10; Beckmann / König 1995, 2 oder Eckkrammer 1999, 133). Er reflektiert die Angemessenheit einer Heiratsanzeige sowie die Haltung der bürgerlichen Gesellschaft zu einer solchen Anzeige.

Beispiele

»Ein junger Mann von Vermögen sucht eine Gattin. Bey Erblickung dieser Ueberschrift werden viele Leser ohne Zweifel in nicht geringe Verwunderung gerathen, da eine solche öffentliche Bekanntmachung in Deutschland bisher, so viel ich weiß, gar nicht üblich gewesen ist: obgleich solche öffentliche Einladungen zur Ehe in England längst eingeführt sind, wie diejenigen, die mit den Sitten der Britten genauer bekannt sind, wissen. Auch hat man Beyspiele genug, daß hiedurch viele glückliche Ehen dorten entstanden sind. Ungewöhnlich sind aber, wie gesagt, Bekanntmachungen dieser Art bey uns bisher gewesen, und es wird daher mancher diese Ankündigung sonderbar finden, ja wohl gar nachtheilige Urtheile darüber fällen. [...] Mit einer guten und allgemein nützlichen Sache (und dafür halte ich Bekanntmachungen dieser Art) muß ja nothwendig einer zuerst den Anfang machen. Wer wagte es wohl vor wenigen Jahren in den dänischen Staaten, den Anverwandten einen Sterbefall durch die Zeitungen bekannt zu machen? Eine bekannte würdige Frau that dies zuerst, und itzt folgen Personen des ersten Ranges wie der kleinste Bürger ihrem Beyspiel.
(Hamburgischer Correspondent, Hamburg 1792, Nr. 47)«

Am Beispiel dieses Textes lassen sich die von Luhmann beschriebenen Verfahren der Evolution weiter vertiefen.

Grundsätzlich vermittelt der Text eindringlich, was die sozialwissenschaftliche systemtheoretische Kommunikations- und Medienwissenschaft unter »Reflexivität von Kommunikation« versteht. Schmidt und Spieß gehen davon aus, dass »Kommunikationen wie Mediensysteme zunehmend vernetzt und reflexiv, d.h. auf sich selbst angewandt« (1997, 89) werden. Es ist ein spezifisches Merkmal massenmedial vermittelter Kommunikation, dass Kommunikationsereignisse neue Kommunikationsereignisse hervorrufen.

Das Textbeispiel zeigt die reflexiven Beziehungen zwischen den Mitteilungen psychischer Systeme und der massenmedialen öffentlichen Kommunikation. Rezipienten nutzen die sich entwickelnden Medien zur Anschlusskommunikation an andere psychische Systeme (Rezipienten). Sie können von der Annahme ausgehen, dass auch andere Rezipienten die Zeitung rezipieren. Ein treffendes Beispiel dafür wird sogar in der Literatur des ausgehenden 18. und beginnenden 19. Jahrhunderts, in der Erzählung Heinrich von Kleists *Die Marquise von O...*, gegeben. Die Marquise inseriert aus einer Notlage heraus, denn ihr Leben ist durch ein Ereignis, das sie selbst nicht mehr zu rekonstruieren vermag, völlig aus der Bahn geraten. Ihr Ruf steht auf dem Spiel.

> »In M..., einer bedeutenden Stadt im oberen Italien, ließ die verwitwete Marquise von O..., eine Dame von vortrefflichem Ruf, und Mutter von mehreren wohlerzogenen Kindern, durch die Zeitungen bekanntmachen: dass sie, ohne ihr Wissen, in andre Umstände gekommen sei, dass der Vater zu dem Kinde, das sie gebären würde, sich melden solle; und dass sie, aus Familienrücksichten, entschlossen wäre, ihn zu heiraten.« (1983, 36)

Beide zitierten historischen Texte sowie der Hinweis auf die Entstehung von Todesanzeigen verdeutlichen, dass Rezipienten entscheidend zur Konstituierung des Anzeigenteils einer Zeitung beigetragen und diesen speziellen Bereich einer Zeitung durch ihre Texte mitkonstituiert haben. Zwar gibt es Belege dafür, dass sich Verleger und Redaktionen für die Aufnahme derartiger Texte in ihre Intelligenzblätter rechtfertigen mussten. Dennoch hat sich das Anzeigenwesen in dieser Art der wechselseitigen Reflexivität von Zeitung und Leserinnen und Lesern entwickelt und stellt eine Struktur dar, in der die Zeitung Kopplungen (Beziehungen) zu ihren Rezipienten herstellt und davon ökonomisch profitiert.

Wie lassen sich nun die zitierten Texte mit den Verfahren der Evolution (Variation, Selektion, (Re)stabilisierung) fassen? Der die Sinnhaftigkeit von Heiratsanzeigen reflektierende Text von 1792 schließt an eine Idee an, die bereits in englischen Anzeigentexten praktiziert wird (Stabilität). Diese Idee, über eine Anzeige in der Zeitung einen Partner zu finden, muss für die deutschen Verhältnisse (Moralvorstellungen) angepasst oder variiert werden. Die »evolutionäre Selektion« ist, wie Luhmann schreibt, »auf Kriterien der Plausibilität oder, nochmals verstärkt, der Evidenz angewiesen« (1998, 547). Eine an bereits vorhandene Texte anschließende Strukturselektion gibt der Text vor: »Ein junger Mann von Vermögen sucht eine Gattin.« Das Textmuster für derartige Anzeigen ist also ein Satz mit dem Verb *suchen*. Zudem verweist der Text auf die Plausibilität der Analogie, an bereits vorhandene europäische kulturelle Kontexte anzuknüpfen und bisher Unübliches in andernorts Übliches umzuwandeln. Die Plausibilität wird durch Evidenz gestützt, also nachvollziehbar gemacht, indem auf genug Beispiele glücklicher Ehen verwiesen wird, die in England geschlossen wurden.

Systemtheoretisch lässt sich diese Art der Reflexivität, die zur Entstehung von Textmustern führt, mit dem Begriff ›Irritation‹ erfassen. »Irritation« meint hier Überraschung, Reizung, Störung oder Erwartungsenttäuschung als systemeigenen Zustand, für den es in der Umwelt des Systems keine Entsprechung gibt. Ganz in diesem Sinne wird in systemtheoretischer Perspektive formuliert:

> »Mit dem Begriff der Irritation ist der Begriff der strukturellen Kopplung eng verbunden. Er betrifft das Verhältnis der Systeme zueinander und determiniert damit zugleich die kommunikativen Einflüsse und Effekte, die für ein System angesichts einer Irritation angezeigt sind. [...] Nicht Ereignisse der Umwelt sind damit die Ursache systemischen Verhaltens, sondern die systemeigenen Erwartungen und deren Irritierbarkeit. Das System reagiert auf seine eigene Sensibilität.« (Bardmann / Lamprecht 1999, o. S.)

Irritationen sind systemeigene Zustände. Die ›Irritation‹ als psychischer Zustand ist also Anlass zur Überprüfung von Kommunikationsmöglichkeiten. Die Dame aus Dänemark hatte vielleicht Angst, dass die Verwandtschaft (weit entfernt) zu spät vom Ableben eines Verwandten erfuhr oder die, die erreicht werden sollten, waren auf Reisen und somit über die Presse besser erreichbar. Das genutzte Formulierungsmuster lehnte sich vielleicht zunächst einmal an Nachrichtentexte an (s. Rubrik ›Familiennachrichten‹ in deutschen regionalen Zeitungen des 19. Jahrhunderts).

Eine wichtige Grundlage für die Entstehung von Anzeigentexten ist die Vernetzung von individueller psychischer Reflexivität und massenmedialer öffentlicher Kommunikation. Aus der umfangreichen Literatur zur Synchronie und Diachronie von Kontaktanzeigen in verschiedenen Sprachen lassen sich darüber hinaus »Irritationen« ausmachen, die die Entwicklung von Kontaktanzeigen maßgeblich beeinflusst haben. Einige Beispiele:

In Heiratsanzeigen gegen Ende des 18. und zum Beginn des 19. Jahrhunderts standen Vernunftehen aus finanziellen Gründen im Vordergrund. Vermittlung durch Eltern, Verwandte, Vormünder, Freunde, Bekannte galten der materiellen Sicherung der Ehe. »Berufliche Heiratsvermittler und Annoncenteile von Zeitungen erfuhren durch diesen ›marktwirtschaftlich‹ ausgerichteten und von Angebot und Nachfrage bestimmten Mechanismus einen deutlichen Aufschwung.« (Kaupp 1968, 38). Dies hatte möglicherweise Folgen für die Konsolidierung eines Musters.

Mitte der 1980er-Jahre werden in der Sowjetunion soziale Probleme offen eingestanden. Es wird nach Lösungsansätzen gesucht, dem gravierenden Zerfall der Familie und der daraus resultierenden sozialen Situation von Geschiedenen und Alleinerziehenden entgegenzuwirken. Die Sensibilität des Individuums für soziale Befindlichkeit nimmt zu. Cheauré / Engel verweisen in ihrer Studie darauf, dass traditionelle Familiengedanken restauriert wurden. Man sieht die »intakte Familie als Keimzelle einer moralisch gesunden Gesellschaft«. Solche Gedanken finden politische Unterstützung; konservative Familiensoziologen sehen Familie als Mittel gegen »wachsende Kriminalität, Alkoholismus und andere unerwünschte soziale Erscheinungen« (Cheauré / Engel 1992, 6). So werden »im Zuge der Perestrojka auch Institutionen und Hilfsmittel zugelassen [...], die bis dahin ideologisch verfemt und abgelehnt worden waren« (1992, 6). Zur Anbahnung von Familiengründungen werden in den späten 1980er-Jahren z.B. Heiratsvermittlungsbüros für Alleinstehende eingerichtet. Die Moskauer »Allianz« ist eine der größten derartigen Institutionen (andere: *Kontakt-88*, *Dialog*, *Posrednik*). Die Autorinnen bezeichnen Heiratsanzeigen in Russland als neue Textsorte. Die hier aufgezeigten sozialen Probleme führen zu einer Selbstirritation des Systems, die in die Strukturselektion der Bildung einer entsprechenden Institution und der Zulassung einer Textsorte münden. Die entsprechenden Heiratsanzeigen offenbaren soziale Wertvorstellungen und Rollenbilder (vgl. Cheauré / Engel 1992, 7).

Alfred Barrett gründete in London 1915 die Zeitschrift *Link*, die monatlich im Umfang von zehn Seiten erschien und »the only monthly practically devoted to love interests« (Cocks 2002, 457) war. Barrett hat den *Link* als altruistische Lösung gegen die Epidemie der Einsamkeit (Folgen des Ersten Weltkrieges; Zwang der Moderne zur Individualisierung) gegründet, die er um sich herum beobachtete. Anlass war letztlich ein Freund, der aus australischem 20-jährigen Exil auf einer Farm zurückkehrte und Probleme (vgl. Cocks 2002, 464) hatte, Bekanntschaften mit dem anderen Geschlecht zu machen. Die Hefte enthielten drei Anzeigen-Abschnitte: *Ladies*, *Soldaten und Matrosen*, *Zivile* (Männer), die Kameradschaft, Freunde oder Briefpartner suchten. Die Zeitschrift war Anfeindungen ausgesetzt. Man sah die Moral in Gefahr, denn die Rolle der Frau war auf Heirat festgelegt. Anzeigen von Frauen zur Partnersuche wurden in die Nähe von Prostitution gestellt. Männer mit homosexuellen Beziehungen waren im damaligen England kriminalisiert. Es wurde vermutet, dass sie sich hinter den Freundschaftsanzeigen verbergen würden. Die Zeitschrift wurde verboten und Barrett zu zwei Jahren Haft bei harter Arbeit verurteilt (vgl. Cocks 2002, 461).

Der Zwang der vergangenen Jahrzehnte zur Individualisierung macht es schwierig, eigene Netzwerke zu knüpfen. »Die Individualisierung, die die Lage von Männern und Frauen auseinanderdividiert, treibt sie umgekehrt auch in die Zweisamkeit hinein. Mit der Ausdünnung der Traditionen wachsen die Verheißungen der Partnerschaft.« (Beck 1986, 187) Die Paarbeziehung wird möglicherweise nun wiederum als erstrebenswert gesehen.

Als Folge postmoderner Individualisierung ist Mitte der 1970er-Jahre in Deutschland und Frankreich eine deutliche Zunahme der geschalteten Heirats- und Bekanntschaftsanzeigen zu verzeichnen. Deutsche Zeitungen drucken bis 1953 nur Heiratsanzeigen, 1973 erfolgt bei der *Hannoverschen Allgemeinen Zeitung* die Aufspaltung in Heirats- und Bekanntschaftsanzeigen, 1993 folgen auch andere deutsche Zeitungen. In Frankreich erfolgt die Splittung im *Le Chasseur Francais* erst ab April 1993. Die Trennung von Heirats- und Bekanntschaftsanzeigen wird in den Massenmedien in unterschiedlichen Strukturen weiterhin aufgegriffen: Es entstehen Kontaktshows wie »Bauer sucht Frau«. In den Tageszeitungen erscheinen die Rubriken »er sucht sie«, »sie sucht ihn«, »er sucht ihn« und »sie sucht sie«. Im Internet bieten Kontaktbörsen ihre Dienste an und schalten Anzeigen im Format eines Steckbriefes. Daneben etabliert sich in regionalen Anzeigenblättern eine Rubrik »Kontakt«, die gewerblicher Prostitution vorbehalten ist, neben der Rubrik »Partnerschaft«. Innerhalb des Mediensystems hat sich demzufolge eine Textfamilie ›Kontaktanzeige‹ etabliert, in der sich die Textsorten ›Heiratsanzeige‹, ›Bekanntschaftsanzeige‹ und ›Anzeige zur gewerblichen Prostitution‹ als strukturelle Selektionen ausdifferenziert haben. Sie resultieren aus der Variation bekannter Textmuster.

Heirats- und Bekanntschaftsanzeigen, die von Agenturen geschaltet werden, und Anzeigen im Internet können als Textsortenvarianten aufgefasst werden.

Konventionalisiertes globales Textmuster

Die erste deutsche Heiratsanzeige vom 8. Juli 1738 wird in der Frankfurter »Frag- und Anzeigen-Nachrichten« abgedruckt:

> »Ein honettes Frauenzimmer ledigen Standes, guter Gestalt, **sucht** ... einen guten Doctor oder Advocaten ledigen Standes [...], so groß und wohl aussieht.« (S. auch Kraemer 1998, 23; Hervorhebung im Original)

Beiträge, die diese Anzeige zitieren, verweisen häufig darauf, dass man sie durchaus mit einem Stellengesuch verwechseln könnte. In der Tat ist das Verb ›suchen‹ konstituierend für Stellengebote und Stellengesuche wie für Heiratsanzeigen und Bekanntschaftsanzeigen, aber auch für Kaufanzeigen.

Das Verb »suchen« wird für deutsche Heirats- und Bekanntschaftsanzeigen als konstitutiv angesehen, ihm wird in den meisten Inseraten der Vorzug gegeben (vgl. Eckkrammer 1999, 142). Auch das Englische verwendet dominant »seek« zur Konstruktion des Textes, im Französischen »rencontrerait« (würde gerne kennenlernen), im Italienischen »cercare« (suchen), »conoscere« (kennenlernen), »sposare« (heiraten) (Eckkrammer 1999, 151), im Russischen »создасг семью«. Es werden also Verben verwendet, die ein bestimmtes Ereigniskonzept evozieren:

Wer sucht *wen* mit welchem *Ziel*, was als globales Textmuster angewendet wird. Global bedeutet hier, dass der gesamte Anzeigentext dem Muster folgt, wie sogleich weiter beschrieben wird. Global bedeutet aber auch, dass wir es mit einem Textmuster zu tun haben, dass weltweit genutzt wird.

Das konventionalisierte Textmuster für Kontaktanzeigen lautet also (Nair 1992; Coupland 1996): 1. *advertiser* 2. *seeks* 3. *target* 4. *goals* 5. (*comment*) 6. *reference* (Coupland 1996, 193).

Einige Beispiele aus verschiedenen Sprachen sollen dieses Textmuster illustrieren:

Beispiele

Creative, attract. single dad, 31, socialist. Seeks sim. female to share new dawns, love? [Ɛ] Ldn.

SINCERE, GOOD-LOOKING CHINESE, 30. Enjoys music, travel, movies and quiet evenings. Seeks caring, honest and mature Chinese for friendship or longlasting relationship. Letter with phone and photo appreciated (*Contacts* 4-5 / 96).

Zehn Tage im September. Suche ausgeglichenen Mann, der mit mir (w, 39) für diese Zeit in diesem Jahr durch Polen reisen möchte. E-mail: aufnachpolen@web.de oder Chiffre 07/14 (*Magazin*)

ALEX 35enne, moro, molto sportivo, amante natura e animali, cerca donna dolce e affettuosa, per futuro matrimonio. Eliana Monti Questioni di Cuore dalle 10 alle 24 049-8774560. (*Aladino*)

> Миловидна, спокйная женщиа 35 лет, рост 169, по професии бухгалгер детей нег, имеег комнату, создаст семьу с мужчиной до 42 лет. Абонент No 330 (H. 3)

Anzumerken ist für die Anzeige in russischer Sprache, dass »имеет комнату« »hat ein Zimmer« bedeutet und ökonomische wie soziale Zwänge signalisiert. Ein Zimmer zu haben galt als Wert bei der Partnersuche.

Variation des Textmusters

Zu dem seit langer Zeit stabilen Textmuster für Kontaktanzeigen entstehen Variationen. Für die ursprünglichen Heiratsanzeigen war das Ziel (4. goal) klar – die Ehe, dies zeigt sich deutlich in den russischen Anzeigen, die Agentur »Allianz« war ja zur Aufrechterhaltung und Neugründung von Familien institutionalisiert worden. Deutlich erkennbar ist das Ziel ›Ehe‹ gleichfalls in den italienischen Anzeigen. Die Überschrift des entsprechenden Anzeigenteils lautet »Matrimoniali« (Heirat). Eckkrammer (1999, 138) macht folgende Zieltypen in Kontaktanzeigen (Oberbegriff) aus:

- Heirat oder Ehe;
- Lebensgemeinschaft oder Dauerbeziehung;
- Freundschaft ohne dauerhaften Charakter; lose Partnerschaft z.B. für Sport, Reisen, Freizeit;
- Sexualkontakte, z.B. Seitensprung, spezielle Praktiken;
- Brief- bzw. E-Mail-Kontakt.

Eine genaue Isolierung des Ziels scheint bei vielen Anzeigen nicht möglich, zumal sie auf eine Entwicklung hin orientiert sind – Freundschaft, Liebe? Dennoch ist aus den vorliegenden sozialwissenschaftlichen und linguistischen Arbeiten im interlinguistischen Vergleich erkennbar, dass die Variation des Ziels (*goal*) – resultierend aus der Reflexivität der Inserierenden – die Splittung in *Heiratsanzeige* und *Bekanntschaftsanzeige* vorangetrieben hat. Man könnte also schlussfolgernd von zwei Textsorten sprechen. Beide weisen Varianten auf, die grundsätzlich in individuelle und von einer Agentur hervorgebrachte unterteilt werden können – als *Textsortenvarianten*. Im Agenturbereich dominieren Anzeigen für Heirat oder Bekanntschaft, die die eigentliche Kontaktanzeige in eine Werbeanzeige für die Agentur inkorporieren (Form der **Intertextualität**), im Bereich der individuellen Anzeigen sind der Kreativität keine Grenzen gesetzt (zu verweisen ist auf den Beitrag von Fix (2007) zu

Stilmustern in Kontaktanzeigen); ebenso Eckkrammer (1999, 171) die resümierend für den Vergleich von deutschen und Kontaktanzeigen der Romania festhält, dass die deutschen Produzenten am kreativsten sind und mit Konventionen eher brechen, spanische und dann italienische Kontaktanzeigen eher schablonisiert sind. Kulturelle Unterschiede können ausgemacht werden.

Untersuchungen der Textfamilie der Kontaktanzeigen erweisen sich als interessant, wenn man ermitteln möchte, welche Irritationen Textproduzenten antreiben, Textmuster zu verändern.

Definition

Als Routinen für die Gestaltung von Kommunikationen sind Textmuster einerseits konventionalisiert, andererseits immer prozedural offen für Veränderungen. Die reflexive, durch Selbstirritation gesteuerte, Verwendung von bekannten Textmustern kann zu deren Konsolidierung führen, jedoch ebenso zur Variation im globalen Textmuster, sodass für die Produktion einer Textsorte mehrere Textmuster (z.B. bei Stellenangeboten oder Rektoratsantrittsreden) zur Verfügung stehen oder sich neue Textsorten als stabile Selektionen neben die Ausgangstextsorte (Textfamilie ›Kontaktanzeigen‹) stellen.

Weiterführende Literatur

Eckkrammer, Eva Martha (1999): Ich suche Dich: Ergebnisse eines Pilotprojektes zur Kontaktanzeige in romanischen Medien. In: Eckkrammer, Martha / Hödl, Nicola / Pöckl, Wolfgang: Kontrastive Textologie. Wien: Praesens, 131–175

Luhmann, Niklas (1998): Die Gesellschaft der Gesellschaft. Band 1. Frankfurt/M.: Suhrkamp (stw 1360), 413–594

Ramge, Hans (2008): Zur Differenzierung von Pressetextsorten in der Meinungspresse von 1848. In: Gansel, Christina (Hg.) (2008b): Textsorten und Systemtheorie. Göttingen: V&R unipress, 21–41

Schuster, Britt-Marie (2008): Kann und soll man Textmusterwandel systemtheoretisch erklären? Überlegungen zum Für und Wider am Beispiel fachsprachlicher Texte. In: Gansel, Christina (Hg.) (2008b): Textsorten und Systemtheorie. Göttingen: V&R unipress, 43–66

Serviceteil

Literatur

Antos, Gerd (1997): Texte als Konstitutionsformen von Wissen. Thesen zu einer evolutionstheoretischen Begründung der Textlinguistik. In: Antos, Gerd / Tietz, Heike (Hg.): Die Zukunft der Textlinguistik. Traditionen, Transformationen, Trends. Tübingen: Niemeyer (Germanistische Linguistik 188)

Armbrecht, Jürgen / Moritz, Carl-Heinz (1998): Verbraucherinformationspolitik. In: Haedrich, Günther u.a. (Hg.): Tourismusmanagement. 3. Aufl. Berlin / New York: de Gruyter, 69–78

Baraldi, Claudio / Corsi, Giancarlo / Esposito, Esposito (2003): Glossar zu Niklas Luhmanns Theorie sozialer Systeme. Frankfurt/M.: Suhrkamp (stw 1226)

Bardmann, Theodor M. / Lamprecht, Alexander (1999): Systemtheorie verstehen. Eine multimediale Einführung in systemisches Denken. Wiesbaden: Westdeutscher Verlag

Beck, Ulrich (1986): Risikogesellschaft. Auf dem Weg in eine andere Moderne. Frankfurt/M.: Suhrkamp (= Neue Folge Band 365)

Becker, Frank / Reinhardt-Becker, Elke (2001): Systemtheorie. Eine Einführung für die Geschichts- und Kulturwissenschaften. Frankfurt/M. u.a.: Campus

Beckmann, Susanne / König, Peter-Paul (1995): Wie ein Textmuster entsteht. In: Grazer Linguistische Studien, Nr. 44, 1–13

Bentele, Günter (1988): Der Faktor Glaubwürdigkeit. Forschungsergebnisse und Fragen für die Sozialisationsperspektive. – In: Publizistik 33, 406–426

Berghaus, Margot (2003): Luhmann leicht gemacht. 2. überarb. u. erg. Aufl. Köln u.a.: Böhlau (UTB 2360)

Brinker, Klaus (1997): Linguistische Textanalyse. Eine Einführung in Grundbegriffe und Methoden. 4., durchges. u. erg. Aufl. Berlin: Schmidt (Grundlagen der Germanistik 29)

– u.a. (Hg.) (2000a): Text- und Gesprächslinguistik. Ein internationales Handbuch zeitgenössischer Forschung. 1. Halbband: Textlinguistik. Berlin / New York: de Gruyter

– u.a. (2000b): Vorwort. In: Brinker u.a. (Hg.) (2000a), XVII–XXVIII

Buchholz, Stefan (2009): Die systemtheoretische Konzeptualisierung von Textsorten am Beispiel von Notizzetteln für die Dozentensprechstunde an Hochschulen. Staatsexamensarbeit. Greifswald

Busse, Dietrich (2000): Textsorten des Bereichs Rechtswesen und Justiz. In: Brinker u.a. (Hg.) (2000a), 658–675

Bußmann Hadumod (Hg.) (2002): Lexikon der Sprachwissenschaft. 3., aktualisierte u. erw. Aufl. Stuttgart: Kröner

Cheauré, Elisabeth / Engel, Christine (1992): Heiratsanzeigen in Russland. Analyse einer neuen Textsorte am Beispiel der Anzeigen der Heiratsagentur »Allianz« in Moskau. Innsbruck: Inst. für Sprachwissenschaft (Scientia 27)

Cocks, H. G. (2002): ›Sporty‹ Girls and ›Artistic‹ Boys: Friendship, Illicit Sex, and the British ›Companionship‹ Advertisement, 1913–1928. In: Journal of the History of Sexuality 11, Nr. 3, 457–483

Coupland, Justine (1996): Dating Advertisements: Discourses of the Commodified Self. In: Discourse and Society 7, Nr. 2, 187–207

Eckoldt, Matthias (2007): Medien der Macht. Macht der Medien. Berlin: Kadmos

Ehlich, Konrad / Rehbein, Jochen (1979): Sprachliche Handlungsmuster. In: Soeffner, Hans Georg (Hg.): Interpretative Verfahren in den Sozial- und Textwissenschaften. Stuttgart: Metzler

Eroms, Hans-Werner (2008): Stil und Stilistik. Eine Einführung. Berlin: Schmidt (Grundlagen der Germanistik 45)

Fix, Ulla (2007): Stil – ein sprachliches und soziales Phänomen. Berlin: Frank & Timme

– / Poethe, Hannelore / Yos, Gabriele (2003): Textlinguistik und Stilistik für Einsteieger. Ein Lehr- und Arbeitsbuch. 3., durchges. Aufl. Frankfurt/M. u.a.: Lang

Fleskes, Gabriele (1996): Untersuchungen zur Textsortengeschichte im 19. Jahrhundert. Am Beispiel der ersten deutschen Eisenbahnen. Tübingen: Niemeyer (= RGL 176)

Fuchs, Peter (1993): Niklas Luhmann – beobachtet. Eine Einführung in die Systemtheorie. 2. Aufl. Opladen: Westdeutscher Verlag

Furthmann, Katja (2006): Die Sterne lügen nicht. Eine linguistische Analyse der Textsorte Pressehoroskop. Göttingen: V&R unipress

Gansel, Christina (2007): Argumentationsstrategie als »Textdesign« in Stellenangeboten. In: Roth, Kersten Sven / Spitzmüller, Jürgen (Hg.): Textdesign und Textwirkung in der massenmedialen Kommunikation. Konstanz: UVK Verlagsgesellschaft, 291–305

– (2008a): Textsorten in Reisekatalogen – Wirklichkeitskonstruktion oder realitätsnahe Beschreibung. In: Gansel (Hg.) (2008b), 155–170

– (2008b) (Hg.): Textsorten und Systemtheorie. Göttingen: V&R unipress

– / Jürgens, Frank (2002): Textlinguistik und Textgrammatik. Wiesbaden: Westdeutscher Verlag

Glasersfeld, Ernst von (1996): Radikaler Konstruktivismus: Ideen, Ergebnisse, Probleme. Frankfurt/M.: Suhrkamp

Greimas, Algirdas Julien (1971): Sémantique structurale. Recherche de méthode. Paris: Presses Univ. De France

Harweg, Roland (1968): Pronomina und Textkonstitution. München: Fink

Heinemann, Margot (2000): Textsorten des Alltags. In Brinker u.a. (Hg.) (2000a), 604–614

Hoffjann, Olaf (2007): Journalismus und Public Relations. Ein Theorieentwurf der Intersystembeziehungen in sozialen Konflikten. 2. Aufl. Wiesbaden: GWV

Hoffmann, Michael (2007): Funktionale Varietäten des Deutschen – kurz gefasst. Potsdam: Universitätsverlag. http://pub.ub.uni-potsdam.de/volltexte/2007/1345/

Hundt, Markus (2000): Textsorten des Bereichs Wirtschaft und Handel. In: Brinker u.a. (Hg.) (2000a), 642–658

Isenberg, Horst (1983): Grundfragen der Texttypologie. In: Daneš, Frantisek / Viehweger, Dieter (Hg.): Ebenen der Textstruktur. Berlin: Akad. der Wiss. der DDR (Linguistische Studien 112), 303–343

Kaspar, Claude (1998): Das System des Tourismus im Überblick. In: Haedrich, Günther u.a. (Hg.): Tourismusmanagement. 3. Aufl. Berlin / New York: de Gruyter, 15–32

Kaupp, Peter (1968): Das Heiratsinserat im sozialen Wandel. Ein Beitrag zur Soziologie der Partnerwahl. Stuttgart: Enke

Klein, Josef (1991): Politische Textsorten. In: Brinker, Klaus (Hg.): Aspekte der Textlinguistik. Hildesheim: Olms, 245–278

Kraemer, Monika (1998): Partnersuche und Partnerschaft im deutsch-französischen Vergleich 1913–1993. Eine empirische Analyse zum Wertewandel anhand von Heirats- und Bekanntschaftsanzeigen. Münster: Waxmann (Münchener Beiträge zur interkulturellen Kommunikation 5)

Krause, Detlef (2005): Luhmann-Lexikon. 4., neu bearb. u. erw. Aufl. Stuttgart: Lucius & Lucius

Kron, Olaf (2002): Probleme der Texttypologie. Frankfurt/M. u.a.: Lang

Krycki, Piotr (2009): Die Textsorten Wettervorhersage im Kommunikationsbereich Wissenschaft und Wetterbericht im Kommunikationsbereich Massenmedien: eine textlinguistische, systemtheoretische und funktionalstilistische Textsortenbeschreibung. Greifswald: Univ.-Bibliothek. http://ub-ed.ub.uni-greifswald.de/opus/volltexte/2009/695/

Lewandowski, Theodor (1994): Linguistisches Wörterbuch. 5., überarb. Aufl. Heidelberg u.a.: Quelle & Meyer

Löffler, Doreen (2008): Ratgebungstexte und Öffentlichkeit im Spannungsfeld der sozialen Systeme Erziehung, Familie und Massenmedien. In: Gansel (Hg.) (2008b), 251–272

Luhmann, Niklas (2004a): Die Realität der Massenmedien. 3. Aufl. Wiesbaden: Verlag für Sozialwissenschaften

– (2004b): Einführung in die Systemtheorie. 2. Aufl. Heidelberg: Carl Auer

Merten, Klaus (1999): Einführung in die Kommunikationswissenschaft. Bd. 1: Grundlagen der Kommunikationswissenschaft. Münster: LIT

Meinhardt, Cindy (2008): Textsorten sinnhaft beschreiben – ein Modellvorschlag für die Textsortenbeschreibung mit systemtheoretischen Impulsen am Beispiel von Rektoratsantrittsreden der Universität Greifswald im 20. Jahrhundert. In: Gansel (Hg.) (2008b), 227–249

Motsch, Wolfgang (1996): Ebenen der Textstruktur. Begründung eines Forschungsprogramms. In Motsch, Wolfgang (Hg.): Ebenen der Textstruktur. Sprachliche und kommunikative Prinzipien. Tübingen: Niemeyer, 3–33

Nair, Rukmini Bhaya (1992): Gender, Genre, and Generative Grammar: Deconstructing the Matrimonial Column. In: Toolan, Michael (Hg.) (1992), 227–254

Neumann, Annika (2010): Das redaktionelle Gewinnspiel als Textsorte im Spannungsfeld zwischen Massenmedien und Markenkommunikation - Eine textlinguistische und systemtheoretische Untersuchung. Diss. Greifswald

Ostermann, Eberhard (1999): Das Konzept der Glaubwürdigkeit aus rhetorischer Perspektive. In: Rössler, Patrick / Wirth, Werner (Hg.): Glaubwürdigkeit im Internet. Fragestellung, Modell, empirische Befunde. München: Fischer, 33–46

Reese-Schäfer, Walter (2005): Niklas Luhmann zur Einführung. 5., erg. Aufl. Hamburg: Junius

Reinmuth, Marcus (2006): Vertrauen schaffen durch glaubwürdige Unternehmenskommunikation. Von Geschäftsberichten und den Möglichkeiten und Grenzen einer angemessenen Sprache. Düsseldorf, Dissertation. Unter: http://deposit.ddb.de/cgi-bin/dokserv?idn=982467109&dok_var=d1&dok_ext=pdf&fllilename=982467109.pdf. (Gesehen am 27.06.2009)

Rolf, Eckard (2000): Textuelle Grundfunktionen. In: Brinker u.a. (2000a), 422–435

Schmidt, Siegfried J. / Spieß, Brigitte (1997): Die Kommerzialisierung der Kommunikation. Fernsehwerbung und sozialer Wandel 1956–1989. Frankfurt/M.: Suhrkamp

Schneider, Wolfgang Ludwig (2002): Grundlagen der soziologischen Theorie. Band 2: Garfinkel – RC – Habermas – Luhmann. Wiesbaden: Westdeutscher Verlag

Schweinfurth, Sebastian (2009): Pressemitteilungen im System ›Sport‹. Magisterarbeit. Greifswald (unveröffentlicht)

Stichweh, Rudolf (1996): Variationsmechanismen im Wissenschaftssystem der Moderne. In: Soziale Systeme, 2(1996) Heft 1, 73–89

Toolan, Michael (Hg.) (1992): Language, Text, and Context: Essays in Stylistics. London: Routledge

Zurstiege, Guido (2002): Werbung als Funktionssystem. In: Scholl, Armin (Hg.): Systemtheorie und Konstruktivismus in der Kommunikationswissenschaft. Konstanz: UVK Verlagsgesellschaft, 147–159

Quellen

AIDA Nachhaltigkeitsberichte (2007), (2009), (2010)

http://www.aida.de/b2b-corporate-site/verantwortung/corporate-responsibility. (zuletzt gesehen am 23.11.2010)

Alltours-Katalog (2008)

Benedikt XVI: Caritas in veritate (Die Liebe in der Wahrheit) - 7. Juli 2009

Homepage des Heiligen Stuhls, Gesamttext online verfügbar unter: http://www.vatican.va/holy_father/benedict_xvi/encyclicals/documents/hf_ben-xvi_enc_20090629_caritas-in-veritate_ge.html; Stand: 23. November 2010

Der Spiegel Nr. 29, 2010

Fontane, Theodor (1979): Effi Briest. Fontanes Werke in fünf Bänden, vierter Band. Berlin / Weimar: Aufbau

Hennig von Lange, Alexa (1997): Relax. Hamburg: Rogner & Bernhard bei Zweitausendeins

Jacob, Heinrich (2010): Auf dem Weg sein. Morgenandacht am 12.7.2010. NDR Kultur / NDR Info

Kleist, Heinrich von (1983): Kleists Werke in zwei Bänden. Berlin und Weimar: Aufbau
Süddeutsche Zeitung (SZ) vom 2./3. Februar 2008
Wolf, Christa (2009): Störfall. Nachrichten eines Tages. Frankfurt/M.: Suhrkamp.

Glossar

Beobachtung zweiter Ordnung: Beobachten ist die Operation eines Beobachters. Beobachten heißt Unterscheidungen zu handhaben und der Unterscheidung eine Form zu geben, sie zu bezeichnen. B. erster Ordnung bleibt auf der Ebene des Faktischen und beantwortet WAS-Fragen. B. zweiter Ordnung erfolgt mit WIE-Fragen, beobachtet, wie andere beobachten.

Differenz: in der Systemtheorie nicht nur die Unterscheidung von etwas, sondern die Feststellung der Einheit von einer Identität und Differenz (z.B. System/Umwelt-Differenz). Ein System identifiziert sich in seiner Differenz oder Abgrenzung zu seiner Umwelt.

Disjunktheit: zwei Mengen sind disjunkt, wenn ihre Schnittmenge leer ist.

Dominante: Kriterium, das einer Klassifikation einheitlich zugrunde gelegt wird, Klassifikationsbasis, z.B. Zuordnung von Texten zu sozialen Systemen.

Dominanz: Vorherrschen einer Kategorie, z.B. einer Textfunktion, einer Vertextungsstrategie.

Ego / Alter: systemtheoretische Vergleichsgesichtspunkte für die Analyse interaktiver Situationen, in der Kommunikation wird anschlussfähig an E. oder A. angeknüpft.

Emuliert: in schriftlichen Texten rekonstruierte sprechsprachliche Elemente.

Erkenntnistheorie, konstruktivistische: geht davon aus, dass Realität nicht einfach durch Wahrnehmung abgebildet wird, sondern dass über Wahrnehmen, Denken, Handeln, Kommunizieren Erfahrungswirklichkeiten konstruiert werden. Wirklichkeitskonstruktionen unterliegen biologischen, kognitiven, sozialen, kulturellern und medialen Bedingungen.

Evolution: in systemtheoretischem Sinne als Umformung von Unwahrscheinlichkeiten, geringen Entstehungswahrscheinlichkeiten in Wahrscheinlichkeiten und hohe Erwartungswahrscheinlichkeiten, z.B. Medien als Errungenschaften der Evolution von Kommunikation.

Evolutionstheorie: »Theorie des geschichtlich-einmaligen Aufbaus von Systemen«, »Aufbau unwahrscheinlicher Ordnungen im Laufe der Zeit«, »Theorie des Wartens auf nutzbare Zufälle« (Luhmann 1998, 416f.).

Exhaustivität: Vollständigkeitsprinzip in der empirischen Sozialwissenschaft, Zustand eindeutiger Klassifikation.

Fremdbeobachtung / Fremdreferenz: ein System beobachtet ein anderes System auf der Grundlage eigener Unterscheidungen; Bezugnahme auf ein anderes System durch Bezugnahme auf sich selbst.

Funktiolekt: funktionsspezifische Sprechweisen für einen bestimmten Kommunikationsbereich; charakteristische Sprech- und Schreibweisen.

Gesellschaft, moderne: beobachtbare funktionale Differenzierung von Gesellschaft; funktional ausdifferenzierte Systeme sind autopoietisch, sie sind operativ geschlossen, aber kognitiv offen.

Gesellschaft, stratifizierte: Beobachtung von Gesellschaft aufgrund der Zugehörigkeit zu einer Schicht, rangmäßiger Zuordnungen; Schichten als Systeme, die füreinander ihre Umwelt darstellen; stratifizierte Gesellschaften sind hierarchisch aufgebaut.

Glaubwürdigkeitsindikatoren, linguistische: sprachliche Mittel, sprachliche Strategien, die dazu geeignet sind, Texte in den Augen von Rezipienten objektiv, sachlich und wahrheitsorientiert erscheinen zu lassen, um langfristig Vertrauen aufzubauen.

Handeln: intentionales, zweckbestimmtes Agieren eines Subjekts / Akteurs; kommunikativ mit Hilfe von Sprache auf einen Adressaten gerichtet, um bestimmte Wirkungen zu erzielen.

Handlungstheoretisch: auf die Handlungstheorie bezogen, die Handlungen in Bezug auf Zwecke, Handelnde, Bedingungen des Handelns und Normen sowie Mittel einordnet.

Hochwertwörter: Aufwertung der positiven Inhaltsseite eines Wortes, ohne auf grammatische Komparationsstufen zurückzugreifen; das Bezeichnete wird durch H. aufgewertet (z.B. *beispiellos, trotzen*); kontextabhängig.

Intertextualität: Bezug eines Textes auf andere, vorher produzierte Texte oder Textmuster.

Irritation: Begriff der Systemtheorie, »Rauschen« der Umwelt, Störung, Überraschung in Systembeziehungen, die zur Bearbeitung erkannter Probleme führen.

Komplexität: beobachtungsabhängiger Sachverhalt. Gesamtheit sinnhafter Möglichkeiten des Erlebens, Handelns. K. bedeutet, dass nicht mehr jedes Element eines Sinnsystems mit jedem Element verbunden werden kann.

Konativ: handlungsbezogen, auf Handlung orientiert.

Kontiguitätsbeziehungen: in der Semantik Beziehungen zwischen Lexemen, die der gleichen logischen, ontologischen, situationellen oder kulturellen Sphäre angehören. K. dienen der Textkonstitution.

Kookkurierend / Kookkurrenz: miteinander Vorkommen von sprachlichen Elementen.

Korpus: endliche Menge konkreter sprachlicher Äußerungen, die als Grundlage für empirische sprachwissenschaftliche Untersuchungen dient.

Links- und Rechtserweiterungen: direkt vor (adjektivisch) und hinter (Genitivattribut, präpositionales Attribut) einem Nomen stehende Attribute.

Medien: Errungenschaften der Evolution, die unwahrscheinliche Kommunikation wahrscheinlicher werden lassen. Sprache, Verbreitungsmedien (z.B. Schrift), symbolisch generalisierte Kommunikationsmedien (z.B. Geld, Liebe, Macht, Wahrheit).

Nachrichtenfaktoren: Begriff der Kommunikationswissenschaft; Kriterien der Nachrichtenselektion- und -verarbeitung. Z.B. Einfachheit, Sensationalismus, Personalisierung, Prominenz u.a.)

Plastikwörter: Sprachgebrauchsphänomen, universal einsetzbare Bausteine der Kommunikation (z.B. *Entwicklung, Bedeutung, Struktur*).

Polyvalent: mehrwertig, mehrere Aspekte vereinend.

Pronominalisierung: zeigt sich im Prinzip der Wiederaufnahme von Elementen mit gleichem oder ähnlichem Referenzbezug in einem Text. Durch pronominale Verkettung wird ein Nacheinander von sprachlichen Einheiten konstituiert, die den Text bilden. Elemente im Text können ersetzt werden durch Pronomen, aber auch Synonyme, Hyperonyme, Metaphern, Metonymien u.a.

Proposition: Grundlegende satzsemantische Kategorie, mit deren Hilfe der Kern der Satzbedeutung erfasst wird. Der Begriff entstammt der Sprechakttheorie. Mit dem propositionalen Akt beziehen sich Sprecher auf Dinge in der Welt (Referenz), über die etwas ausgesagt wird (Prädikation). Propositionen werden durch Prädikate und deren Argumente gebildet.

Realität: Gesamtheit des Realen, des Faktischen, das auch außerhalb des Denkens existiert, in Abgrenzung zu einer konstruierten Erfahrungswirklichkeit.

Restabilisierung: Mechanismus der Evolution. Zustand eines evolierenden Systems nach erfolgreicher negativer oder positiver Selektion.

Rolle, soziale: von Personen unabhängige Erwartungen an soziale Handlungen und Leistungen. S. R. ist durch die Zugehörigkeit zu sozialen Systemen bedingt (z.B. Lehrerin / Lehrer – Schülerin / Schüler in Schule als Institution des Erziehungssystems.

Sachlich: Die Sachdimension zeigt auf, was Gegenstand der Beobachtung ist. Über das WAS können Gesellschaften differenziert werden.

Selbstbeobachtung / Selbstreferenz: Handhabung einer Unterscheidung in Bezug auf das Selbst; Bezugnahme auf sich selbst, sich auf sich selbst als System beziehen.

Selektion: »allgemein die systemeigene Auswahl neuartiger Umwelt-Ereignisse für Wiederholbarkeit im System« (Krause 2005, 223) (z.B. die dreifache Selektion von Information, Mitteilung, Verstehen der Kommunikation). Als Mechanismus der Evolution betrifft Selektion die Strukturen des Systems, d.h. Erwartungen, die die Kommunikation des Systems steuern. In abweichender Kommunikation werden Sinnbezüge hergestellt, die Strukturaufbau versprechen; Strukturen als Richtlinien für weitere Kommunikationen (vgl. Luhmann 1998, 454).

Sinnsysteme: autopoietische Systeme wie psychische und soziale Systeme. Die mit Sinn arbeitenden Systeme zeichnen Formen in das unverbrauchbare Medium ›Sinn‹ ein. (Vgl. Krause 2005, 224) Einfacher: bestimmte sprachliche Strukturen werden von spezifischen Systemen zur reproduzierenden Sinnkonstituierung verwendet, von anderen nicht.

Sinndimensionen: Sozial-, Zeit- und Sachdimension, die im aktuellen Sinn eines Ereignisses gleichzeitig gegeben sind.

Sozial: Die Sozialdimension greift bei Beobachtung der Kommunikationen sozialer Systeme, ihrer Akteure und Adressaten. Sie mündet in die Kommunikationstheorie Luhmanns.

Stilelemente: sprachliche Mittel, die in einem Text die Ganzheitlichkeit des Stils tragen.

Stilzug: Komplex kookkurierender Stilelemente; S. basiert auf Häufigkeit, Verteilung und Verbindung von Stilelementen; charakteristische Besonderheit von Texten (z.B. relative Breite, Sachlichkeit).

Stilprinzipien: s. Stilzug

Systeme, autopoietische: produzieren die Elemente, aus denen sie bestehen, selbst auf der Grundlage der Elemente, aus denen sie bestehen. Sie sind selbstreflexiv und reproduzieren sich selbst.

Systemrationalität: beschreibbar in den Kategorien ›Funktion‹, ›Leistung‹, ›Medium‹, ›Code‹, ›Programm‹, ›institutioneller Kern‹ u.a., aus denen sich Erwartungs-Erwartungen für Kommunikationen ergeben.

Textintern: Merkmale, die sich auf die Zeichenhaftigkeit des Textes beziehen; im Text gegebene Zeichentypen und ihre Interpretation.

Textextern: außerhalb des Textes liegende Merkmale der Situativität.

Textsortenstil: konventionalisierte Kommunikationsmuster im Gegensatz zu individuellen Gestaltungsformen in literarischen Texten.

Unterscheidung: eine Seite der Einheit der Beobachtung als Einheit von Differenz und Bezeichnung des Unterschiedenen.

Variation: Mechanismus der Evolution, in dem die Elemente eines Systems variiert werden. »Variation besteht in einer abweichenden Reproduktion der Elemente durch die Elemente des Systems, mit anderen Worten: in unerwarteter, überraschender Kommunikation.« (Luhmann 1998, 454)

Verfahrenstypen bzw. Vertextungsstrategien: stellen unterschiedliche Zugriffsmöglichkeiten zur Textgestaltung bereit; Narration, Deskription, Argumentation, Instruktion, Explikation. Sie werden für recht universelle Grundarten der Kommunikation benötigt.

Viabilität: Begriff des Konstruktivismus; viabel bedeutet gangbar, machbar, funktional.

Wende, pragmatische: Hinwendung der Linguistik zum Sprachgebrauch, zu Zusammenhängen von Sprache und Gesellschaft.

Zeitlich: Die Zeitdimension ermöglicht die Unterscheidung von ›vorher‹ und ›nachher‹. In Hinblick auf die Autopoiesis der Gesellschaft mündet die Zeitdimension in die Evolutionstheorie Luhmanns.

Zweckprogramm: Programme, die die Entscheidungsfindung in komplexen Entscheidungssituationen vereinfachen. Organisationsmitgliedern sind Ziele und Zwecke vorgegeben, die Wahl der geeigneten Mittel bleibt ihnen jedoch überlassen (z.B. Zielvereinbarungen).